中国书籍学术之光文库

马克思主义发展史·麓山论丛系列
湖南师范大学省重点马克思主义学院资助出版

关于小资产阶级问题

从马克思到列宁

李风华　张　丹｜著

图书在版编目（CIP）数据

关于小资产阶级问题：从马克思到列宁/李风华，张丹著.—北京：中国书籍出版社，2020.3

（中国书籍学术之光文库）

ISBN 978-7-5068-7773-2

Ⅰ.①关… Ⅱ.①李…②张… Ⅲ.①马克思主义—小资产阶级—批判—思想评论②列宁主义—小资产阶级—批判—思想评论　Ⅳ.①A811.64②A821.64

中国版本图书馆CIP数据核字（2019）第289555号

关于小资产阶级问题：从马克思到列宁

李风华　张　丹　著

责任编辑	杨　昆
责任印制	孙马飞　马　芝
封面设计	中联华文
出版发行	中国书籍出版社
地　　址	北京市丰台区三路居路97号（邮编：100073）
电　　话	（010）52257143（总编室）　（010）52257140（发行部）
电子邮箱	eo@chinabp.com.cn
经　　销	全国新华书店
印　　刷	三河市华东印刷有限公司
开　　本	710毫米×1000毫米　1/16
字　　数	128千字
印　　张	12
版　　次	2020年3月第1版　2020年3月第1次印刷
书　　号	ISBN 978-7-5068-7773-2
定　　价	89.00元

版权所有　翻印必究

《马克思主义发展史·麓山论丛》总序

刘先江

列宁指出："由于资产阶级的影响遍及马克思主义运动中的各种各样的'同路人',使马克思主义的理论基础和基本原理受到了来自各种相反方面的曲解,因此团结一切意识到危机的深刻性并了解到必须克服危机的马克思主义者来共同捍卫马克思主义的理论基础和基本原理,是再重要不过的了。"尽管列宁讲这段话已经过去了100多年,但对于今天,仍然有现实意义。在这个思想日益多元,马克思主义的传播面临着种种挑战的当下,深入学习马克思主义经典作家的基本著作,完整而准确地理解马克思主义基本原理,掌握马克思主义的发展历史和规律,这对于马克思主义的研究和传播,有着重要的意义。而这又需要全国的马克思主义理论研究者在马克思主义原理和马克思主义发展史做持久而深入的研究。我所在的湖南师范大学马克思主义学院是马克思主义研究中的一支重要力量。学院成立于2004年5月,学院所依托的马克思主义理论学科是湖南师范大学的传统优势学科，具有深厚的学科底蕴。湖南师范大学的前身——湖南师范学院在1953年就设立了马列主义教研室，开设马克思主义哲学、中国革命史、联共（布）党史、政治经济学等课程，汇聚了一批年轻的马克思主义学者，主要有：王谦宇、谭双泉、周作翰、郭德干、李金奎、彭国璋、胡浩正等，他们后来成为我国有重要影响的马克思主义理论教育家。1960年设置了我省最早的思想政治教育本科专业，并延续至今，培养了大批优秀人才。重视马克思主义学科的传统在湖南师大一直得到传承并发扬光大，如今的湖南师大已成为湖南省马克思主义理论研究和宣传、人才培养和社会服务的重要基地，2016年1月入选湖南省首批重点马克思主义学院。

马克思主义发展史是马克思主义理论一级学科中下设的二级方向，它是一门研究马克思主义产生、发展的历史过程和规律的科学。本学科旨在系统研究马克思主义理论产生的时代背景和历史必然性，考察马克思主义发展的历史过程及其基本历史阶段，总结马克思主义自身发展和指导实践的历史经验，揭示马克思主义发展的一般规律和在不同历史阶段上发展的特殊规律，特别是与各国实际相结合而不断发展的规律。

湖南师范大学马克思主义理论学科对于马克思主义发展史的研究有着深厚的传统。已故周作翰教授在改革开放初期对修正主义问题、我国社会主义时期"左倾"思潮的剖析非常深刻，推动了理论界的思想解放。李屏南教授主持的"马克思主义社会主义观"丛书和"马克思主义政党观"丛书梳理了马克思主义经典作家在社会主义和政党这两个重要问题的论述和发展，在国内学界产生了较大影响，其中"马克思主义政党观"丛书获得了国家出版基金资助。吴家庆教授作为首席专家所主持的"马工程"重点教材《国际共产主义运动史》获得了中宣部的高度肯定。周仲秋教授在马克思恩格斯的平等思想、列宁思想的研究也为学界所熟知。应该说，湖南师范大学的马克思主义发展史的研究方面，其传统比较深厚，成绩也比较突出。

中国特色社会主义进入了新时代，湖南师范大学的马克思主义理论学科也进入了新的发展时期。在这个新的时期里，马克思主义发展史学科的重要使命是继续发扬传统，推进马克思主义发展史研究，为我校马克思主义学科的发展壮大发挥重要作用。《马克思主义发展史·麓山论丛》是我校马克思主义发展史学科牢记使命继续前行的一种努力。我期待，通过这样一个论丛的形式，将我校马克思主义发展史研究的成果汇集起来，日积月累，最终形成一个具有影响力的学术品牌，成为中文学界马克思主义发展史研究中的一支重要力量。

自　序

　　小资产阶级问题在马克思主义理论中占据着一个重要的地位，从马克思主义发展史的角度看，马克思主义经典作家对它给予了高度的重视。经典作家对这个问题的分析与判断，有其当时的具体社会历史环境。但今天看来，它们仍然有着许多现实的启示。当代世界各种形形色色的思潮往往都或多或少有着小资产阶级立场的烙印或影响。尽管每一种思潮本身有其独特的意识形态的形式，这些形式固然值得我们重视，有必要去加以研究、借鉴和批判。但基于无产阶级立场而对于各种小资产阶级思想的分析与批判，仍然是我们去看待当代小资产阶级问题的基本前提。因此，从这个角度来看，对于马克思主义经典作家在小资产阶级问题的基本观点与方法，在今天并未过时。

　　尽管过去几十年来，谈论"小资文艺""小资生活"的文章很多，但是严肃认真地研究小资产阶级问题的政治理论著作，中文学界仍然是一个空白。坦率地说，研究小资产阶级问题，是一个较大的挑战，既需要学术勇气，更需要深厚醇正的马克思主义理论功底。

长期来看，由于小资产阶级思潮的影响的扩大，小资产阶级问题的研究日益凸显其重要性。因此，学习和应用马克思主义经典作家在这个问题上的基本立场、观点和方法，也有着重要的价值。

本书是我与研究生张丹同学在学习和梳理马克思恩格斯和列宁对小资产阶级问题上的一个成果。马克思恩格斯和列宁在这个问题上有着深刻的见解，本书主要本着"述而不作"的精神，尽可能地较多引述，尽可能少地用自己的话代替马克思恩格斯和列宁的看法。与当前马克思主义理论界某些人所习惯地偶尔引用经典著作然后用自己的话长篇大论的做法来比较，我们的做法是比较笨的，属于一种基础性的工作。我期待，这种基础性的工作为后来者的研究能够起到一些绵薄的贡献作用。

李风华

2020年1月于长沙麓谷

引　言

　　小资产阶级是马克思主义理论中的一个重要概念，它不仅是马克思主义阶级理论的重要组成部分，同时也关系到国际共产主义运动史的实践。在一定意义上，国际共产主义运动史"左"的或右的倾向，都与小资产阶级问题有关。直至今天，小资产阶级仍然是一个普遍存在的全球性问题。

　　马克思、恩格斯以及列宁对于小资产阶级问题的论述是我们理解小资产阶级问题的重要思想来源。从马克思主义发展史的角度来看，如何在当代语境中理解和把握这个问题，需要我们经常回顾经典作家的论述中，探讨其原意，把握其论述的语境以及可能的扩展应用。

　　本书是我们试图理解马克思、恩格斯和列宁在小资产阶级问题上论述的一个努力。基本上，我们采取一种"述而不作"的写作态度，虽然有一定程度的解释与引申，但我们尽量避免采用当代的语言来取代经典作家自己的术语。我们希望，这种梳理性的研究能够为后续的研究提供一些资料与观点上的参考，也能够为马克思主义发展史的研究略尽微薄之力。

  本书由李凤华与张丹共同撰写，两人共同商量框架，第一、二、三、五章的初稿由张丹撰写，经过反复的讨论、修改，最后由李凤华定稿；第四章的初稿由郭姣姣撰写，由李凤华和张丹修改定稿，在此特别感谢。

目 录
CONTENTS

第一章 小资产阶级的概念与构成 ……………………… 1
  一、马克思恩格斯关于小资产阶级的概念与构成的论述 ……… 1
  二、列宁关于小资产阶级的概念与构成的论述 ……………… 9
  三、马克思恩格斯与列宁关于小资产阶级的概念与构成的异同
    ……………………………………………………………… 19

第二章 小资产阶级的性格、政治表现及历史命运 ……… 34
  一、小资产阶级的性格 ………………………………………… 34
  二、小资产阶级的政治表现 …………………………………… 48
  三、小资产阶级的历史命运 …………………………………… 60

第三章 无产阶级对待小资产阶级的策略 ……………… 67
  一、马克思恩格斯论对待小资产阶级的策略 ………………… 67
  二、列宁论对待小资产阶级的策略 …………………………… 81
  三、马克思恩格斯和列宁关于对待小资产阶级的策略的异同 ……
    ……………………………………………………………… 110

第四章　马克思恩格斯对小资产阶级社会主义的批判 ………… 118
　一、追根溯源：小资产阶级社会主义的助产婆 ………… 119
　二、分庭抗礼：粉墨登场的小资产阶级社会主义者们 ……… 122
　三、正本清源：小资产阶级社会主义的"真谛" ………… 132

第五章　列宁对小资产阶级思想的批判 ……………………… 142
　一、对自由主义民粹主义思想的批判 …………………… 142
　二、对经济浪漫主义的批判 ……………………………… 148
　三、对机会主义的批判 …………………………………… 154

第一章

小资产阶级的概念与构成

历史地看，小资产阶级这种"最可怜的阶级"必将消亡在历史长河中，即使在它的全盛时期，琐碎的地方性利益使得它只能建立地方性的组织，进行地方性的斗争，取得地方性的成绩，所谓的存在也只是别的阶级的"隐忍"罢了，并且资产阶级的诞生让它连这样的一点历史主动性都丧失了。但不可否认的是，到今天为止，小资产阶级仍的的确确存在而且还在继续生长。马克思和恩格斯在探索真理的道路上并未将这个可怜的阶级"遗忘"，他们丝毫不吝啬笔墨去描绘他们时代的那个"小资产阶级"，更多的时候马克思和恩格斯将这种小资产阶级称作小资产者，认为他们终将消亡。

一、马克思恩格斯关于小资产阶级的概念与构成的论述

马克思和恩格斯虽然着重探讨的是资产阶级和无产阶级的"较量"，但他们并未放弃对摇摆于两大阶级之间的小资产阶级的探讨。

(一) 小资产阶级的概念和构成

因为马克思主义创始人揭示出了资本主义两极分化这一历史规律，即资本主义社会由于资本主义所有制的关系，不可避免地会出现严重的贫富差距、出现（资产阶级和无产阶级之间）不可调和的阶级矛盾。所以要想理清小资产阶级的概念，就必须要从资产阶级和无产阶级的定义入手。资本家和工人这两大阶级的划分是基于所有制：资本家拥有资本，而工人除了劳动力一无所有。那么自然地，在资本主义社会中，还有那些拥有少量生产资料，同时自己也还进行劳动的人，根据政治经济学的阶级理论，马克思就将他们叫作小资产阶级，即处于资本家阶级与工人阶级之间的阶级。

马克思和恩格斯在19世纪40年代末，就开始对小资产阶级做出了探讨，最经典的莫过于在《共产党宣言》中说，"在现代文明已经发展的国家里，形成了一个新的小资产阶级，它摇摆于无产阶级和资产阶级之间，并且作为资产阶级社会的补充部分不断地重新组成"[1]。也就是说，在马恩眼中，这种摇摆在无产阶级和资产阶级之间的"中间等级"，即"小工业家、小商人、手工业者、农民"，就是小资产阶级。[2]

---

[1] 《马克思恩格斯选集》第一卷，人民出版社1995年版，第278页。
[2] 国内大多数学者沿用的小资产阶级的概念都来源于1984年12月出版的《简明社会科学词典》。比如，张蓝华和张亚在《马克思恩格斯关于小资产阶级革命性问题的思想转变及其原因剖析》中就是如此认为的，将那些在资产阶级和无产阶级之间的"中间阶级"界定为小资产阶级（其中必然包括了农民）。他们不仅说"小资产阶级是一个介于无产阶级和资产阶级之间的中间阶级"，而且还将小资产阶级定义为"占有一些生产资料或少量财产，一般不剥削别人或仅有轻微剥削，主要依靠自己劳动为主的阶级"。

虽然我们大多认为小资产阶级的构成和含义自此而来，但不可否认的是，随着革命的发展，恩格斯在1865年对小资产阶级有了"新解释"，这个新解释使得小资产阶级的概念更加完整、贴合当时革命实际。在《普鲁士军事问题和德国工人政党》中，他说："除了资产阶级和无产阶级以外，现代大工业还产生了一个站在它们之间的类似中间等级的东西——小资产阶级。这个小资产阶级是由原先的半中世纪的市民阶级残余和稍稍高出一般水平的工人组成的。小资产阶级较少地参加商品的生产，较多地参加商品的分配；它的主要业务是零售商业。旧的市民阶级是社会上最稳定的阶级，现代小资产阶级却是社会上变化最大的阶级；破产已成为小资产阶级当中的经常现象。小资产阶级由于拥有少量资本，按其生活条件来说接近于资产阶级，但是按其存在的不稳定性来说，则接近于无产阶级的地位。它的政治态度也像它的社会存在一样充满矛盾；一般说来它的最准确的用语是'纯粹民主'。它的政治使命是促进资产阶级反对旧社会残余、特别是反对它本身的软弱和怯懦的斗争。帮助争取出版、结社和集会自由、普选权、地方自治等；尽管这一切是资产阶级性质的，但是怯懦的资产阶级没有它们也能过得去，而工人没有它们却永远不能为自己争得解放。"[1] 所以，在马恩眼中，小资产阶级就是那些随时会落入无产阶级行列的中间等级——除了20世纪的市民残余阶级（小工业家、小商人和小食利者，手工业者和农民）外，还有一些稍高于一般水平的工人，这些工人由于掌握某些

---

[1] 《马克思恩格斯全集》第十六卷，人民出版社2007年版，第76页。

技术或者具备某种才能，所以在分配时能够获得更多（和一般水平的工人相比），因此在经济条件、社会地位及政治态度上更加贴近于小资产阶级。就小资产阶级本身而言，它原本就是一种矛盾的社会存在，它主要参与流通领域（较少参与生产），其主要业务在零售业，生活条件较好（接近于资产阶级），可由于其阶级性极不稳定，以至于其地位更加接近于无产阶级。在政治态度上亦是如此，尽管软弱怯懦的小资产阶级倡导"纯粹民主"，其政治使命仍然是资产阶级性质的，但其本身却是工人（解放）所需要争取的对象。

有些人将马克思和恩格斯对小资产阶级的定位仅仅概括为"占有一些生产资料或少量财产，一般不剥削别人或仅有轻微剥削，主要依靠自己劳动为主的阶级"，我们并不认同。毕竟从马恩的著作而言，它对小资产阶级的定位是从其成分、经济条件、社会地位、政治态度来分析的，虽然经济条件是马克思和恩格斯对其做出划分的出发点和侧重点，但其政治态度才是马克思和恩格斯真正的"关注点"，对其革命性的考察以及能否实行合作的考察等，才是马克思和恩格斯心系之处，而"占有一些生产资料或少量财产，一般不剥削别人或仅有轻微剥削，主要依靠自己劳动为主的阶级"的定位仅仅只是从经济地位对其做了描述，并不能当作小资产阶级的完整含义。

（二）农民属于中间等级，但有时亦被区别对待

在当今，并不乏研究马克思和恩格斯的农民理论的学者，当然有些学者从马克思和恩格斯关于农民的一些经典论述中得到了"农民阶级具有依附性、二重性、分层性等特性"，也有些学者对马恩关于农业现代化问题做了具体的研究，这些对于我们理解马恩的"农

民"是很有帮助的,尤其对于我们理解农民的阶级归属而言。在农民的阶级属性方面,有些学者认为,马克思和恩格斯指出了农民具有小资产阶级和无产阶级的两重阶级属性,作为私有者的农民原本属于小资产阶级,但最终会沦落为无产阶级,从而必然导致它在革命中的作用也具有双重性。换句话说,一方面农民代表的是落后的生产力,不可避免地具有落后性;另一方面农民处在社会底层,经受双重剥削,又是未来的无产者,本身具有革命性的一面,所以农民跟小资产阶级一样同时具有落后性和革命性(甚至比小资产阶级还要更加革命)。那么,马克思和恩格斯到底是怎样看待农民阶级的归属及其在革命中的作用呢?不妨从马恩关于农民问题的论述本身来分析。

农民属于中间等级,这是毋庸置疑的,他们不可能超越资产阶级和无产阶级两大阶级,成为"第三种阶级",毕竟马克思和恩格斯研究的就是资本主义两极分化的规律。可是要想看清"农民阶级",首先还是要从农民本身的构成出发,要搞清楚农民的构成(分层)。恩格斯在《德国农民战争》序言中表达过这样的观点,小农——大农属于资产阶级——有不同类型:有的是封建的农民,他们还必须为自己的主人服劳役;有的是佃农,在这方面存在着大部分与爱尔兰相同的关系;还有的农民是在自己的小块土地上进行经营,他们在大多数情况下都是靠抵押借款来维持,因而他们就像佃农依附土地所有者那样依附高利贷者;农业短工是农村中人数最多的阶级。也就是说,马恩认为,在德国农民里面主要有四种分层——封建农民、佃农、小农、农业短工。

对于这四种成分而言，他们都拥有生产资料，都不外乎属于小生产者行列，可除此之外他们还另有别的成分。恩格斯始终坚持具体问题具体分析的方法，认为在不同的地区对农民的成分要有不同的区分。他在《法德农民战争》中做了这样的区分："在德国西部，和在法国和比利时一样，占统治地位的是小块土地农民的小生产，这些农民大部分是小块土地的所有者，在少数场合则是小块土地的租佃者，在西北部——在下萨克森和石勒苏益格—荷尔斯泰因，占优势的是大农和中农，他们是非雇用男女长工、甚至非雇用短工不可的。在巴伐利亚的部分地区，情形也是一样。在普鲁士易北河以东地区和梅克伦堡，是一个拥有家奴、长工和短工的大土地占有和大生产的区域，而在某些地方则尚有为数不多并且日趋减少的小农和中农。"[①] 可总的来说，即便马恩认为农民的构成有些复杂，不同地区有不同的组成，可大部分地区的农民都还是有大农、中农、小农的区别的，其中的"小农，像小手工业者一样，是一种工人，他和现代无产者不同的地方就是他还占有自己的劳动资料"同过时的生产方式走向灭亡一样，他们是"未来的无产者"，而中农和大农就是那些雇佣工人的农民，属于农民的上层分子（剥削者），也就是说，有大农、中农、小农之分的农民，总归是占有生产资料的，总是逃不出"小资产阶级"一列的。

有意思的就在这里，这种"所处地位、社会要求和小资产者大致一样"同属于中间等级且内部出现分层的农民，由于他们生活闭

[①]《马克思恩格斯选集》第四卷，人民出版社1995年版，第486页。

塞政治冷漠，从而成为一种独立的政治力量。在一定程度上，早期的马克思和恩格斯认为，农民和小资产阶级在革命中的作用是不一样的。所以马克思和恩格斯在很多时候将它和小资产者（即小资产阶级）并列，并不是将其无差别地并入到小资产阶级之内。

首先从马克思的视角来看，在《致保·拉法格》中他谈到关于继承权的问题时是这样说的："那么宣布废除继承权就不是一个严肃的举动，而是一种愚蠢的威胁，这种威胁会使全体农民和整个小资产阶级围拢在反动派周围。"① 即便就继承权而言，小资产阶级和农民是有相同利益的，可对于这样的相同利益，整个小资产阶级并不是包括全体农民在内的。而马克思在此处用了"全体农民""和""整个小资产阶级"等词，还不足以表示其关系吗？如果说这是"笔误"，那么在1879年《致奥·倍倍尔》的一封信中，他再次说道："小资产者和农民的大批涌入的确证明，运动有了极大的成就，但是同时这对运动也是危险的，只要人们忘记，这些人是被迫而来的，他们来，仅仅是因为迫不得已。他们的加入表明，无产阶级已经确实成为领导阶级。但是，既然他们是带着小资产阶级和农民的思想和愿望来的，那就不能忘记，无产阶级如果向这些思想和愿望做出让步，它就会丧失自己的历史的领导使命"②，那么在这里，马克思又再次将小资产者（小资产阶级）和农民并列，而且将"小资产阶级思想"和"农民的思想和愿望"区分开来。一方面，马克思将农民和小资产阶级并列是因为看重"农民"在革命中的作用；另

---

① 《马克思恩格斯选集》第四卷，人民出版社1995年版，第595页。
② 《马克思恩格斯选集》第四卷，人民出版社1995年版，第639页。

一方面也说明，就革命的某些方面而言，"农民"和"小资产阶级"在革命中是两个不相同的"群体"，将两者混为一谈似乎并不那么明智。

不仅马克思有时候将农民和小资产阶级分开来看，恩格斯亦是如此。1894年恩格斯在《未来的意大利革命和社会党》中说："大多数人是手工业者、小商贩和失掉阶级性的分子即摇摆于小资产阶级和无产阶级之间的群众。这是正在没落和瓦解的中世纪的小资产阶级，这些人目前还不是无产者，但却是未来的无产者。只有这个面临着经济破产并且已经陷入绝境的阶级，能够为革命运动提供大批战士和领袖。农民将会支持他们。农民虽然由于土地分散和不识字而没有可能表现任何有效的主动精神，但是毕竟是强大的和不可缺少的同盟者。"[1] 很明显地，恩格斯认为，在意大利，手工业者、小商贩和失掉阶级性的分子才是小资产阶级，而农民是另一个阶级，是不可缺少的同盟者。也就是说，总的来看，虽然小工业家、小商人、手工业者、农民都属于中间等级（小资产阶级），可在分析具体的问题时，由于农民和其他中间等级相比有其特殊性，所以马恩有时会把农民"拎出来"，单独作为"农民阶级"来看待。再比如说，1848年恩格斯在看待巴登的政治运动时说："至于农民，他们更是分散在全国各地，没有受教育的机会，加之他们的利益又和小资产阶级的利益有些是一致的，有些可以说是相似的，因此他们同样也处于小资产阶级的政治庇护之下"[2]。这再次说明，在有些国家或者

---

[1] 《马克思恩格斯选集》第四卷，人民出版社1995年版，第453页。
[2] 《马克思恩格斯全集》第七卷，人民出版社1997年版，第160-161页。

城市中，农民和小资产阶级两个阶层的人数都是众多的，可两者在政治态度上是有差别的，在革命过程中有某种程度的"势均力敌"，所以不可以将小资产者和农民混为一谈。

总的来说，虽然农民和小资产者不可混为一谈，但农民属于摇摆的中间等级，它被马恩归为小资产阶级一类是毋庸置疑的。可由于各国国情的多样性，农民有时候在革命态度、社会地位及思想等方面并不完全一样，在个别国家中，为了更好地分析革命现状，将农民"拎出来"做单独分析也未尝不可。

二、列宁关于小资产阶级的概念与构成的论述

俄国人口的多数是小资产阶级群众，主要是农民，因此列宁在马恩的基础上对小资产阶级的概念和构成做进一步具体阐释时，重点都放在了小资产阶级的农民上，尤其是关于农民的归属和对待策略上，他有着自己独特的见解。

（一）小资产阶级的概念和构成

在小资产阶级的概念和构成上，列宁基本沿用了马克思和恩格斯的观点。因为即便列宁和马恩所处的具体历史条件不一样，但由于双方界定小资产阶级的方法是一样的，所以在小资产阶级的概念和组成上，双方观点并无太大出入（可在策略和态度上就有差别了）。但是列宁所处的社会环境与马克思和恩格斯的时代存在很大差异，一方面不同于马克思和恩格斯所处的西方国家，列宁所在的俄国既经过了民主革命，也经过了社会主义革命（改造）；另一方面不同于马克思和恩格斯所处的历史条件，当时资本主义已经发展到了帝国主义阶段，列宁看待小资产阶级的概念和构成自然也有所发展。

早在1894年，列宁就做了"（在俄国）农民和手工业者是'绝对'意义上的小生产者即小资产者"[1]的论断，之后在1903年的《智者所见略同》中，他又提到："在一切欧洲国家，俄国也包括在内，小资产阶级不断'受到压迫'和日趋衰落，这种衰落并不总是表现为直接地和间接地受到排挤，但是在大多数情况下，是日益缩小小资产阶级在经济生活中的作用，使他们的生存条件更加恶化，使他们的生活更加没有保障。无论是工农业中大经济的技术进步，或者是大商店的发展，企业主联合会、卡特尔和托拉斯的增多，以至消费协作社和市政企业的增加，全都在跟小资产阶级作对。小资产阶级在工农业中'受到压迫'的同时，还有一个如德国人所说的'新的中间等级'，即小资产阶级的新阶层——知识分子在产生和发展。他们在资本主义社会中的生活也愈来愈困难了，他们大多数人是以小生产者的观点来看这个社会的。很自然，这必然会使小资产阶级思想和学说以各种各样的形式广为传播，经常复活。"[2]

从字里行间便可知，在列宁眼中，小资产阶级就是那些包括农民、手工业者和小商人等的中间等级。他们不断"被压迫"和"被衰败"，其生存条件日益恶化（只有少数变为企业主，大部分都将沦为无产阶级），一切资产阶级的"发展"都在加速着这种"恶化"。但在这种恶化的过程中，小资产阶级并非在逐渐丧失思想上的影响

---

[1] 《列宁全集》第一卷，人民出版社1984年版，第199页。
[2] 《列宁全集》第七卷，人民出版社1986年版，第188页至第189页。

力，反而随着"小资产阶级的新阶层——知识分子"①的产生、发展而得到广泛传播，那么列宁是如何对待这些传播小资产阶级思想的传播者——知识分子的呢？和始终团结农民的策略不同，在十月革命期间，由于知识分子和布尔什维克站在统一战线上反对沙皇，列宁对之是支持的，可是革命胜利后，"面对严峻的内外形势，执政党缺乏治国理政的经验，加上革命胜利初期大多数知识分子普遍对苏维埃政权采取冷淡疏离、消极怠工甚至公开对抗的态度，列宁对知识分子的态度和政策常常处于一种摇摆的、矛盾的状态：一方面，他知道建设新社会离不开知识分子；另一方面，又认为知识分子都浸透资产阶级世界观和对新政权的偏见，因此对他们又充满疑虑和不信任"②。

话说回来，这种不断衰落却在思想上影响甚广的小资产阶级有没有为他们的命运进行过反抗呢？他们采取的方法又是如何的呢？自然地，任何阶级或群体都会为自己的境遇或命运进行抗争，小资产阶级也是如此，像那些"小农争取土地国有化的斗争""民主派小资产阶级反对黑帮和自由派"等"反抗"也时常可见，只是这些都是局部性的反抗和斗争，未能掀起"大水花"，或者说在掀起

---

① 在这里，列宁跟马克思和恩格斯，甚至毛泽东一样，都根据经济地位或政治属性等因素将知识分子归为小资产阶级一类，不同的是，毛泽东认为知识分子具备可改造性，在《在延安文艺座谈会上的讲话》中，毛泽东以其亲身经历讲述了自己思想情感上的这种转变，强调"拿未曾改造的知识分子和工人农民相比较，就觉得知识分子不干净了"。他进而号召："我们知识分子出身的文艺工作者，要使自己的作品为群众所欢迎，就得把自己的思想感情来一个变化，来一番改造。"
② 周尚文：《列宁知识分子政策的得与失》，《中国浦东干部学院学报》，2018年3月第2期。

"水花"前,怯懦的小资产阶级便希望"风平浪静"从而草草地"粉饰太平"了。与之相对应,在方法上,"小资产阶级,即使是最激进的小资产阶级(包括社会革命党人在内),预见到的是在资产阶级革命以后没有阶级斗争,大家都安居乐业、太平无事",因此他们主张在资产阶级革命中实行小资产阶级改良主义的计划,大谈各种不同的"土地份额",大谈"调节"地产、巩固劳动原则和巩固小劳动经济等。事实上,小资产阶级这种进行抗争的方法就是"改良社会",对社会进行修修补补,从而尽可能地建立起"社会和平"的关系。

除了分析国内的小资产阶级,列宁还从国际角度考察了小资产阶级的"组成"和"态度",这也正是列宁对马恩(关于小资产阶级的概念与组成)的发展。列宁认为,到了帝国主义时期——"压迫其他一切民族的享有特权的'大'民族瓜分世界的时期","从这种特权和压迫中得来的赃物,无疑会一星半点落到小资产阶级的某些阶层和工人阶级的贵族和官僚手中"[1],以至于"小资产阶级的某些阶层特别是知识分子以及极少数工人贵族能够'享受''自己'民族的'大国'地位特权的这种'欧洲'式的发展"[2]。也就是说,在帝国主义时期,某些帝国主义国家中小资产阶级的某些阶层已经开始从世界市场中蚕食资产阶级分剩下的残羹冷炙了。可随之而来的是,"金融资本可以把某一个国家排挤出而且必将排挤出大国的行列,夺走其殖民地和势力范围(对英国开战的德国就在这样威胁着

---

[1] 《列宁全集》第二十六卷,人民出版社1988年版,第239页。
[2] 《列宁全集》第二十六卷,人民出版社1988年版,第277页。

英国),夺走小资产阶级所享有的'大国的'特权和额外的收入。"①所以,面对这种矛盾的国际环境,为了"保住和巩固自己的即小市民'上层'或工人阶级贵族(和官僚)的特权地位"②,小资产阶级仍然保持着以"和平"保得"富贵"的初心,企图远远离开世界上的阶级大搏斗,利用自己的现有地位来维持消极守旧的状态。

总而言之,不管是哪个时期,这些小商人、手工业者等小私有者的日子都是不太好过的,他们不断衰败。可恰好因为他们拥有的部分生产资料极易失去,所以他们始终是在"惶惶度日",虽然"被迫"地加以抗争过,却依旧希望以和平的手段维持自己"小私有者"的地位。

(二)农民不管如何分化,都属于小资产阶级

在学术界,很多学者从阶级分析、联合、利益、组织以及教育等层面对列宁的农民思想做了具体而深刻的分析,一般大家对工农联合、农村建设等方面比较感兴趣,毕竟这对当代中国的新农村建设很有指导意义。而对于农民的阶级性学界探讨得比较少。事实上,工农联合、农村建设等层面的研究离不开对农民阶级性的探讨。不明白列宁关于农民的阶级归属的论述,就无法真正理解列宁的农民思想。

列宁农民问题理论是马克思主义基本原理与俄国革命具体实践相结合的产物,它的形成经历了一个漫长、曲折的过程。单单就农民的归属而言,也是一个循序渐进的认识过程。受到马克思和恩格

---

① 《列宁全集》第二十六卷,人民出版社1988年版,第245页。
② 《列宁全集》第二十六卷,人民出版社1988年版,第260页。

斯农民思想的影响,列宁坚持认为,不论农民如何分化,他们都是"绝对意义上的小生产者"。结合俄国具体的国情,列宁在《1894—1895年度彼尔姆省手工业调查以及"手工"工业中的一般问题》中指出:"看来,这些例子足以说明,把'种地的手工业者'看成是单一的、没有差别的东西,是极其荒谬的。上面引证的所有耕作者(种地的制革匠、榨油手工业者、磨坊主),都是些小资产阶级农业的代表,如果把这几类人和包括破产农户在内的其余农民混在一起,那就是抹杀了现实的最根本特征。"① 也就是说,列宁承认,在现实中农民虽然属于小生产者一类,可并不是单一的无差别的整体,有些破产农户确实在某些方面区别于小资产阶级。

但在整体上,农民还是属于小资产阶级,这是毋庸置疑的,可有些人别有用心地从"生活状况"出发,放大这些共同点,试图抹清小农和无产阶级的界限,这是列宁所批评的。社会革命党人就是这样的一些人,他们认为农民分为两个原则上不同的范畴:"(1)靠剥削自己的劳动力为生的劳动农民;(2)在不同程度上靠剥削别人的劳动力为生的农村资产阶级,即中等资产阶级和小资产阶级。"② 也就是说,社会革命党人将那些由农民分化而出的"独立农民(第一个范畴)"看作农村无产阶级。但事实是,农民中不可能存在部分是小资产阶级、部分是无产阶级的情况。农民经济就是小资产阶级结构的,农民同任何小生产者一样,是属于小资产阶级范畴的。在现代社会,那些所谓的"劳动农民(第一个范畴)"不可

---

① 《列宁全集》第二卷,人民出版社1984年版,第265页。
② 《列宁全集》第七卷,人民出版社1986年版,第265页。

避免有着无法掩盖的小资产阶级性——"(所谓的'劳动农民')他们在资产阶级和无产阶级之间所处的中间的、过渡的地位,他们俭朴勤劳、节衣缩食、拼命干活以求'出人头地'(即成为名副其实的资产者),他们力图剥削农业'劳动者'的劳动"。[①]

关于农民在革命中的作用,随着革命的推移,列宁做了不同的论述。一开始(1907年),列宁在资产阶级革命的进程中提出"农民在争取土地的斗争中获得胜利,是俄国资产阶级革命获得胜利的真正的经济基础"[②],以至于得到"只有通过无产阶级和农民的革命民主专政,革命才能赢得胜利"[③] 的结论。可由于农民终归属于小资产阶级,农民和农民民主派政党的动摇是不可避免的,渐渐地,列宁就发现了这个让人遗憾的事实:"作为小资产阶级群众的农民会长期动摇不定,他们一方面向往无产阶级的彻底的民主主义,另一方面又指望得到地主的小恩小惠,指望同地主分享特权。"[④] 因此在1913年列宁提出"要把雇佣工人的无产阶级组织同小资产阶级的农民民主派统一起来,就是最严重地违背这一伟大的马克思主义口号"[⑤],以此推翻了1907年他所说的"无产阶级和农民的革命民主专政"的口号。甚至在1917年,列宁开门见山地否定了之前的口号,他说:"现在谁只谈'无产阶级和农民的革命民主专政',谁就是落在生活的后面,因而实际上跑到小资产阶级方面去反对无产阶

---

① 《列宁全集》第七卷,人民出版社1986年版,第188页。
② 《列宁全集》第十四卷,人民出版社1988年版,第52页。
③ 《列宁全集》第十四卷,人民出版社1988年版,第83页。
④ 《列宁全集》第二十三卷,人民出版社1990年版,第431页。
⑤ 《列宁全集》第二十三卷,人民出版社1990年版,第437页。

级的阶级斗争,这种人应当送进革命前的'布尔什维克''古董保管库'"①。也就是说,对待农民这类小资产阶级,既要看到它革命性的一面,又要时刻注意到它的动摇性和落后性。

值得注意的是,在资产阶级革命后期列宁否定"无产阶级和农民的革命民主专政",并不是立刻要放弃农民,而是"必须组织单独的雇农代表苏维埃和单独的贫苦农民(半无产者)代表苏维埃,或者至少要组织这种阶级地位的代表,作为总的农民代表苏维埃中单独的党派,举行单独的定期会议"②,这是因为在该时期,农民已经转向小资产阶级策略,将革命进行到底已经没有意义了,所以必须放弃"无产阶级和农民的革命民主专政"的口号,但是又因为"小资产阶级的贫苦部分是跟工人阶级走的",所以无产阶级在该时期必须"阐明阶级利益的不同,说服小资产阶级中的某些阶层(即贫苦农民),使他们在工人和资本家中间作一选择,站到工人方面来"③,即争取贫农参与革命。换句话说,在无产阶级革命后期,前期提到的"无产阶级和农民的革命民主专政"口号,随着农民的右转,已经不再适用于革命,因此列宁否定了这一不符合俄国革命具体现状的口号。可放弃这一口号却不意味着列宁放弃了农民阶级,这是因为他明白,就阶级利益而言,贫农的利益有可能使他们站到无产阶级一方,放弃这一部分是不明智的,要尽量说服他们,使他们站到工人阶级一边,继续进行革命。

---

① 《列宁全集》第二十九卷,人民出版社 1985 年版,第 138 页。
② 《列宁全集》第二十九卷,人民出版社 1985 年版,第 165 页。
③ 《列宁全集》第二十九卷,人民出版社 1985 年版,第 465 页。

在革命胜利后，列宁提出，"把受资本主义压迫的被剥削劳动群众联合和组织起来，——这里只限于被剥削劳动群众，即工人和贫苦农民（半无产者），自然不包括剥削阶级和富裕的小资产阶级分子。"① 换句话说，列宁认为革命胜利后劳动群众仅限于工人和贫苦农民，而富裕的小资产阶级分子属于敌对势力。小资产阶级这种自发势力从内外（在外部搞阴谋、暴动和造谣污蔑，在内部制造混乱）两方面来反对苏维埃政权，所以列宁提出，"在从资本主义向社会主义过渡时，他们不应该忘记，我们主要的敌人是小资产阶级，是它的风尚、习惯和经济地位。"② 但这里的敌人并不包括劳动农民，因为"在农民中间有劳动农民和小资产阶级农民，小资产阶级农民作为小私有者是靠别人生活的，而劳动农民却受别人剥削，他们愿意自食其力"③。实际上，在民主革命胜利后，虽然列宁将所有农民都视为小资产阶级，将其视为"敌人"，但这时他更倾向于将"劳动农民"看作"另一个阶级"。换句话说，在民主革命胜利后，列宁将劳动群众组合起来以反对资本主义时，跟民主革命时期不一样，在此期间他并没有将农民全部看作小资产阶级，他提出一个"半无产者"的概念来表示贫农，从它的经济地位上看到了它比其他农民更"先进"的一面，看到了它受剥削的一面，看到了它的"无产阶级性"，因此在某种意义上，列宁将这种半无产者视作反对资本主义

---

① 《列宁全集》第三十四卷，人民出版社1985年版，第67页。
② 《列宁全集》第三十四卷，人民出版社1985年版，第236页。
③ 《列宁全集》第三十四卷，人民出版社1985年版，第254页。

的重要力量之一。①

总的来说，列宁将农民看作小资产阶级，但是在每个阶段对农民的分析都是不一样的，当他们是民主革命力量时，就提出"无产阶级和农民的革命民主专政"口号，而一旦当他们转向小资产阶级策略时，就放弃该口号，争取该阶级的贫困阶层；而且，当民主革命胜利后，仍然对农民"分层"对待，将贫苦农民看作争取的对象，而对富裕的农民给予一定的"斗争"。

在如何看待农民方面，毛泽东跟列宁的想法很相似但却有一些差异，因此在这里不得不稍微提一下。首先毛泽东在民主革命时期十分肯定农民运动的作用，他认为农民运动是"势不可挡"的，并且得出了"农民的举动，完全是对的，他们的举动好得很"的结论。再者，这时毛泽东根据国内具体的阶级现状，对中国社会各阶级做了具体的分析，这种分析与马克思、恩格斯、列宁的分析都有差异。根据中国具体国情，他认为中国有五大阶级，一是地主阶级、买办阶级，他们的政治代表是国民党右派、国家主义派。二是中产阶级，主要是民族资产阶级，他们代表的是中国城乡资本主义的生产关系，他们对于革命的态度是随着自己的利益而摇摆的，他们的政治主张是实现民族资产阶级单独的阶级统治的国家。三是小资产阶级，如自耕农、手工业主、小知识阶层等。四是半无产阶级，包含绝大部分半自耕农、贫

---

① 毛泽东也借鉴了这个"半无产者"的概念，但与之不同的是，毛泽东在分析中国社会各阶级时，将绝大部分半自耕农、贫农、小手工业者、店员、小贩等五种阶层看作半无产者（半无产阶级），这也是中国具体的国情所决定的。也就是说，一个概念在不同的时代不同的国家里，它的内涵是不一样的。

农、小手工业者、店员、小贩等五种人群。五是无产阶级,人数不多,却是最新生产力的代表,是最进步的阶级,是革命的领导力量。在对中国社会各阶级的划分中,与马克思、恩格斯、列宁不同,毛泽东并未将所有的农民都看成小资产阶级,而更加侧重于区分农民间的现实经济状况和政治态度,将绝大部分半自耕农和贫农看作另一个阶级——半无产阶级(当然,这里的"半无产阶级"和列宁的"半无产者"内涵也大相径庭)。

三、马克思恩格斯与列宁关于小资产阶级的概念与构成的异同

(一)马恩和列宁在小资产阶级概念与构成上的相同之处

列宁受马克思和恩格斯影响甚深,在很多方面基本沿袭了马克思和恩格斯的观点,在阶级划分、阶级评价等方面都有所体现。

1. 按照所有制划分出小资产阶级

马克思和恩格斯根据所有制划分出资本主义社会中的两大敌对阶级——无产阶级和资产阶级,将那些"除了资产阶级和无产阶级以外"的"中间等级"称作小资产阶级。再者,这个阶级(小资产阶级)的商业交易和信贷业务小本经营的特点,很容易给它的性格打上缺乏魄力和进取心的烙印,以至于摇摆在两大阶级之间的(这些拥有小本经营的)小资产者"千方百计地希望跻身于大资产阶级的行列","而害怕被抛到无产阶级的行列中去"。在这里,就能够分析出马克思和恩格斯是怎样定义小资产阶级的(辨别什么是小资产阶级的标准)。一方面,小资产阶级和那些除了劳动力就一无所有的无产阶级的区别是,除了本身的劳动力他们还拥有些别的什么东

西（比如：自身的小本经营），他们沦为无产阶级的方法就是失去这些东西。另一方面小资产阶级和大资产阶级的不同之处就在于：由于资产阶级拥有大部分的生产资料，所以资产阶级的经济水平远远超过小资产阶级（所以小资产阶级才会那么想跻身于大资产阶级行列）；而小资产阶级拥有的仅仅是部分生产资料，只能做一些"小本经营"，并且随着工业的发展，这部分生产资料很容易就"破产"。所以，要想区分某人属于小资产阶级还是资产阶级，抑或是无产阶级，就只要看他拥有的生产资料即可。马克思和恩格斯确实也是这样做的，划分群体的阶级属性时首先考虑的应该是经济条件（生产资料所有制），其次才是一些别的什么东西，这也是马克思和恩格斯坚持的原则。

列宁基本沿袭了这种划分方法，1894年他在批判民粹主义的经济内容时说："这些办法丝毫不能消除生产资料（货币也包括在内）集中在少数人手里（这种集中是无可争辩的事实）和广大居民群众备受压迫的现象，至多不过使一小群手工业者升入小资产阶级的行列。"[①] 这就是说，列宁认为民粹主义所倡导的经济办法解决不了生产资料集中的趋势，这种办法只不过是维护生产资料的小私有化，会使小部分的手工业者步入小资产阶级行列，即他认为这种拥有生产资料的小私有者就是小资产阶级的"根本特征"，要使得某阶层成为真正的小资产者，就只需要让他拥有部分的生产资料（比如货币）。最能够体现列宁对阶级划分的标准就是列宁同社会革命党人的

[①] 《列宁全集》第一卷，人民出版社1984年版，第371页。

辩论（关于劳动农民是否属于小资产阶级行列），当时社会革命党提出将农民划分为："（1）靠剥削自己的劳动力为生的劳动农民；（2）在不同程度上靠剥削别人的劳动力为生的农村资产阶级，即中等资产阶级和小资产阶级。"① 在这个前提下，社会革命党人宣扬前农村无产阶级和"独立农民"（以把自己的劳动用于生产资料为生的农民）之间"在原则上非常相似"，两者的生活基础都是作为政治经济学特定范畴的劳动，也就是试图模糊劳动农民和农村无产阶级的界限，将小农划分到"无产阶级"行列中去。列宁对这种说法十分气愤，他用具体的例子驳斥了这些荒唐之言，他说："第一，绝大多数的小资产阶级随时随地都在从事劳动，都在遭受剥削。不然为什么要把它们算作过渡的中间的阶层呢？第二，小手工业者和小商贩同商品经济社会中的农民完全一样，也在从事劳动，也在遭受剥削。我们的社会革命党人是不是也想创造'劳动的'工商业居民的'范畴'来代替无产阶级的'狭隘的'范畴呢？第三，为了使社会革命党人能够明白他们很不喜欢的'教条'的意义，请他们设想一下市郊的农民吧，这种农民不雇用工人，靠自己的劳动和出售各种农产品为生。我们敢相信：即使是狂热的民粹主义者也不敢否认这种农民属于小资产阶级，不敢否认无法把他们和雇佣工人归并为一个阶级（注意，这里所指的只是阶级，而不是政党）。但是在商品经济日益发展的社会中，市郊的兼营小商贩的农民同一切小农的地位有什么原则上的区别呢？"② 这种从生产资料归属上的驳斥很让人心服口

---

① 《列宁全集》第七卷，人民出版社1986年版，第30页。
② 《列宁全集》第七卷，人民出版社1986年版，第31—32页。

服，这也足以说明列宁坚持从所有制划分出小资产阶级的"原则性"。

总的来说，列宁继承了马克思和恩格斯的观点，从生产资料所有制入手，将那些在资产阶级和无产阶级间的"中间等级"看作小资产阶级，从而能够将资本主义社会的阶级构成看得更加透彻。

2. 根据经济地位、政治态度等方面对小资产阶级各阶层做了较为具体的分析

除了从生产资料所有制中划出小资产阶级之外，马恩和列宁还根据经济地位、政治态度对小资产阶级各阶层做了具体而全面的分析。

早在1847年，恩格斯根据德国当时的情况，就明确指出了小资阶级在经济和政治上的分层，即随着资产阶级的诞生，小资产阶级就分成了两部分，"一部分是住在大城市里的较富裕的小资产阶级，他们多少有些胆怯地归附于革命的资产阶级。另一部分是较贫穷的特别是住在小城镇里的小市民，他们恪守现存秩序，并以它特有的全部惰性力支持贵族"。① 换句话说，在一开始恩格斯就发现了小资产阶级因地域和财富多少的差异而分化成两大阵营，一部分依附于革命的资产阶级，另一部分寄希望于贵族。

而后，马克思和恩格斯在《共产党宣言》中再次深入地考察了小资产阶级的分层。首先，他们将那些在资产阶级和无产阶级之间摇摆的中间等级称作小资产阶级，这些"中间等级，即小工业家、

---

① 《马克思恩格斯全集》第四卷，人民出版社1998年版，第54页。

小商人、手工业者、农民"。也就是说,马克思和恩格斯明确表示小资产阶级(中间等级)是由许多部分构成的,它不是一个无差别的整体。他们承认,在不同的地方革命上,小资产阶级中的不同阶层是不一样的,有时候是小生意阶级(小商人)是领导阶级(1849年五月起义),而有些时候农民才是"真正的人"(挪威的小资产者是自由农民之子,在这种情况下,他们比起堕落的德国小市民来说是真正的人),在任何具体的地方或时间,小资产阶级中各阶层的经济地位、政治态度都并非是无差别的,更多的时候,它内部的各阶层是有区别的。

接着,恩格斯在德国革命的过程中再次指出小资产阶级的"不平等"。以巴登为例,他在1848年说:"处在占绝对优势的小资产阶级的社会影响和政治影响之下的"的巴登,因为农民分散且没有受教育的机会,"加之他们的利益又和小资产阶级的利益有些是一致的,有些可以说是相似的,因此他们同样也处于小资产阶级的政治庇护之下。所以,以律师、医生、教员、个别商人和书商为代表的小资产阶级自从1848年3月起,一方面是直接地,另一方面是通过自己的代表控制了巴登的整个的政治运动"[①]。在别的城市或国家也有类似的例子。在德国,受社会地位所影响,"小农倾向于和小商人携手",小生意人阶级就成了1849年五月起义的领导阶级,因为就当时的德国而言,所谓的大城市并未成为运动的中心,所以在中小城市中占优势的小生意人阶级便能够掌握运动的领导权。也就是说,

---

[①]《马克思恩格斯全集》第七卷,人民出版社1997年版,第160-161页。

因为经济、教育及社会地位等因素，小资产阶级内部的各个组成部分并不是"势均力敌"的，在不同国家或者城市里，有时候是小生意阶级更加强势，掌握着"革命"的领导权，有时候是律师、医生、个别商人和书商这类阶层较为"出色"。

　　马克思和恩格斯根据所有制将农民、手工业者、小商人、律师等小私有者看作小资产阶级的一部分，可根据其经济条件、社会地位对其构成做了大概的比较。列宁也是如此，他根据所有制关系明确地指出"农民和手工业者是'绝对'意义上的小生产者即小资产者。"之后又根据各阶层的经济条件，在《1894—1895年度彼尔姆省手工业调查以及"手工"工业中的一般问题》里，将小资产阶级中的农民划分为不同的群体。在该文章中他明确指出："上面引证的所有耕作者（种地的制革匠、榨油手工业者、磨坊主），都是些小资产阶级农业的代表，如果把这几类人和包括破产农户在内的其余农民混在一起，那就是抹杀了现实的最根本特征"。也就是说，就所有制而言，一些靠劳动为生的农民属于小资产者，可就其经济条件来看，他们和较为富裕的制革匠、磨坊主等小资产阶级农业代表相比仍然是有差距的，在农民中间还是存在着富农、贫农的差别。不仅在农民中存在着经济差别，就整个小资产阶级而言，其中也存在着差异。在政治态度方面，农民远比城市小资产阶级更坚决更迅速地摆脱立宪民主党的影响；在受教育程度上，农民受教育程度远低于其他阶层；等等。

　　总的来看，马克思和恩格斯并未对小资产阶级做过多的描述，但是他们从所有制的基础上界定了小资产阶级的概念和构成，从经济地位、政治态度等因素对小资产阶级的组成部分做了大概的分析。列宁继承了马克思和恩格斯对小资产阶级的划分,十分注重所有制关系在阶级划分中的"作用",同样地,列宁还考虑到经济条件、社会地位等因素,对农民的分层以及应对策略做了更为具体的分析。

(二)马恩和列宁在小资产阶级概念与组成上的差异

1. 两者在农民问题上的分歧

马恩和列宁都十分关注农民问题,两者都将农民看作民主革命的力量之一。但是在关于农民的细节问题上,双方并不是完全一致的。

首先,在怎样看待农民的土地问题上,虽然两者根据生产资料的归属将农民划为小资产阶级,但是在分析革命中的农民时,两者因具体历史条件的差别而在某些问题上有些差异。马克思和恩格斯在《法德农民问题》中评价马克思主义派的法国社会党人的土地纲领时说,"个体生产者对生产资料的占有,现代已经不再赋予这些生产者以真正的自由"[1],在现代,"靠自力耕种的小农既非牢靠地占有自己的小块土地,也不自由。他们自己以及他们的房屋、他们的院子、他们的少量田地,都属于高利贷者,他们的生活比无产者更没有保障,无产者至少有时还能过上些安生日子,而受尽折磨的债务奴隶却永远没有这样的事"。[2] 因此,只有"将个人私有转换为社会公有"才能解决小农的困境。实际上,在革命一开始,马克思和恩格斯在农民的土地问题上,都是反对私有,主张公有和联合生产

---

[1]《马克思恩格斯选集》第四卷,人民出版社1995年版,第491页。
[2]《马克思恩格斯选集》第四卷,人民出版社1995年版,第491页。

的（后面亦是如此）。而列宁虽然也看到了土地公有和合作社的必要性，但他似乎更加"柔和"。在1899年底，列宁在《我们党的纲领草案》中说："诚然，在我国农民分化为小资产阶级和雇佣工人的过程来势迅猛，但是还远没有结束，而且，重要的是，这个过程是在旧农奴制范围内进行的，全体农民还套着一条连环保和纳税村社的沉重锁链。因此，俄国社会民主党人即使坚决反对保护或支持资本主义社会中的小私有制或小经济（如笔者），也就是说，即使他（如笔者）在土地问题上同现在常被资产者和机会主义者骂作'教条主义者'和'正统派'的马克思主义者站在一边，也可以而且应当主张（这样做丝毫不违背自己的信念，相反地，正是出于自己的信念）工人政党在自己的旗帜上写明支持农民（绝不是把农民当作小私有者阶级或小有产者阶级），因为农民能够同农奴制残余、特别是同专制制度进行革命斗争。"[①] 也就是说，列宁是支持农民同专制制度进行斗争的，是希望农民从农奴制中解放出来获得自己的生产资料的。

另外，在反对封建土地所有制的革命中，农民究竟能不能被工人政党所"吸收"，恩格斯是这样说的："我坚决否认任何国家的社会主义工人政党有任务除了吸收农村无产者和小农以外，还将中农和大农，或者甚至将大地产租佃者、资本主义牧主以及其他按资本主义方式经营国内土地的人，也都吸收到自己的队伍中来。就算封建主义土地所有制对于他们大家都是共同的敌人吧。我们在某些问

[①]《列宁全集》第四卷，人民出版社1984年版，第197页。

题上可以和他们一道走，可以在一定时期为达到一定的目的而与他们一起奋斗。我们党内可以有来自任何社会阶级的个人，但是我们绝对不需要任何代表资本家、中等资产阶级或中等农民的利益的集团。"① 很明显的，恩格斯对于工人政党要完成的目标是很坚定的，即使在某些道路上和中农、大农等有产者"一起走"是可以的，但是一旦涉及"公有制"的目标，涉及党内的纯洁性，他就不能允许非无产阶级利益集团的声音在党内占有"一席之地"（也就是排斥非无产阶级本身）。而列宁虽然将农民看作小资产阶级，将资产阶级看作"敌人"，但是根据俄国特殊的国情，他也做出了不同于恩格斯的说明："我们全体社会民主党人既然声明，只要大资产阶级能够同上述现象进行革命斗争，我们就支持，那么我们怎么能够不同样地支持人数众多的、逐渐同无产阶级溶合在一起的小资产阶级呢？如果说，支持大资产阶级的自由主义要求并不等于支持大资产阶级，那么支持小资产阶级的民主主义要求也决不等于支持小资产阶级"②。也就是说，列宁对于非无产阶级的态度"缓和"得多，不仅支持大资产阶级自由主义的要求，而且也支持小资产阶级的民主主义要求，在此列宁还将支持利益集团的要求和支持利益集团本身区分开来了。

总的来说，马克思和恩格斯十分坚持革命"原则"，对于公有制和私有制的区分是十分"严格"的，所以对于某些非无产阶级利益集团（农民、小资产阶级）及其要求，他们的态度都是趋向否定的。

---

① 《马克思恩格斯选集》第四卷，人民出版社 1995 年版，第 494 页。
② 《列宁全集》第四卷，人民出版社 1984 年版，第 198 页。

而列宁与之不同，根据俄国具体情况，虽然他也将"实现公有制"看作革命目标之一，但他将利益集团和利益集团的要求分开来看，为了实现革命，更多的时候他是支持某些非无产阶级利益集团（农民、小资产阶级）的要求的。

2. 对于小资产阶级个人进入工人阶级政党的态度不同

马克思和恩格斯十分重视党的纯洁性和独立性。在 1879 年 11 月 24 日他们说过，"小资产者和农民的大批涌入的确证明，运动有了极大的成就，但是同时这对运动也是危险的，只要人们忘记，这些人是被迫而来的，他们来，仅仅是因为迫不得已。他们的加入表明，无产阶级已经确实成为领导阶级。但是，既然他们是带着小资产阶级和农民的思想和愿望来的，那就不能忘记，无产阶级如果向这些思想和愿望做出让步，它就会丧失自己的历史的领导使命"[①]。同年 12 月他们再次声明："我们很遗憾，在这个遭到镇压的时刻，不能无条件地支持你们。当党在德国忠实于自己的无产阶级性质的时候，我们曾经把其他一切考虑都放在一边。但是，现在，当进入党内的小资产阶级分子已经公开表明态度的时候，情况就不同了。只要还允许他们把自己的小资产阶级观点一点一点地偷运到德国党的机关报中来，对我们来说，这个机关报就等于根本不存在。"[②] 也就是说，对于涌入党内的小资产阶级个人而言，马克思和恩格斯认为他们来的目的不纯，或是被迫加入的，所以马恩强调对于他们带来的思想和愿望不进行让步，要与之对立，与之斗争，一旦他们的

[①]《马克思恩格斯选集》第四卷，人民出版社 1995 年版，第 640 页。
[②]《马克思恩格斯全集》第三十四卷，人民出版社 2008 年版，第 406 到第 407 页。

观点进入党内，且借助一些载体进行传播时，无产阶级就得立马改造这个传播载体。

之后随着无产阶级政党的日益成熟，马克思和恩格斯逐渐有了这样的认识："其实，在日益壮大的工人政党内，小资产阶级分子的增多是不可避免的，并没有什么了不起。这就像'学士'考试不及格的大学生等增多一样。他们在几年前还是一种危险。现在我们能够消化他们。但是消化总得有个过程。为此就需要加盐酸；如果盐酸不够（像法兰克福所表明的那样），那么现在应该感谢倍倍尔，他为了使我们能够很好地消化这些非无产阶级分子而加了盐酸。"① 随着革命的发展和无产阶级政党的成熟，他们认为吸收小资产阶级个人入党已经并不危险了，因为无产阶级能对他们有所"消化"。

总的来说，马克思和恩格斯从一开始排斥小资产阶级个人入党到之后认为它没有危险的变化，这种对小资产阶级个人入党的容忍性都不是太高，而且对于入党的小资产阶级分子，虽然将其看作是不可避免的，可受历史条件的限制，他们对此的策略仍然稍显被动、抽象，虽然"消化"看似是个主动的过程，但其实如何消化，马克思和恩格斯并未给出具体的答案。

与马克思和恩格斯不同，列宁对待小资产阶级分子要"积极""具体"得多。虽然前期列宁也强调要与小资产阶级分子相隔绝，但在1909年9月，他明确指出："无产阶级无论何时何地都在从小资产阶级中征集人员，无论何时何地都同小资产阶级有联系，只是这

---

① 《马克思恩格斯选集》第四卷，人民出版社1995年版，第740页。

种联系在程度、界限和色彩上存在着千差万别。当工人政党发展得特别迅速的时候（如1905—1906年我国的情形），大批满脑子小资产阶级思想的分子进入工人政党是不可避免的。这并不是什么坏事。无产阶级的历史任务就是要使旧社会给无产阶级留下的所有小资产阶级出身的人得到再锻炼、再教育和再改造。但是要做到这一点就需要使无产阶级去再改造这种出身的人，就需要无产阶级去影响他们，而不是让他们来影响无产阶级。"① 那么在这里，列宁对于小资产阶级分子入党的看法是：（1）随着工人政党的发展，带有小资产阶级思想的个人入党是不可避免的；（2）他们入党并不是坏事，反倒在某种程度上有利于政党的发展；（3）但要教育、改造那些入党及想入党的小资产阶级分子，使他们的小资产阶级思想转变为无产阶级思想。从中我们能够看到，列宁对于小资产阶级分子入党是不排斥的，甚至对于这件事做了具体而周详的安排，并且将改造、教育和锻炼小资产阶级出身的人看成自己的历史使命。

对比起来，在小资产阶级分子入党这件事上，列宁基本沿袭马克思和恩格斯的观点，但由于俄国特殊的国情（俄国的小资产阶级人数众多），列宁对待这件事的态度更加谨慎，处理的策略更加灵活。马克思和恩格斯虽然将党内小资产阶级分子的增多看成是不可避免的，可由于历史条件的限制，他们处理此事难免有些"偏激"或者"极端"，甚至认为，为保"平安"需要放弃掉那些沾染小资产阶级分子气息的机关报，之后虽然认为党内的小资产阶级分子能

---

① 《列宁全集》第十九卷，人民出版社1989年版，第106页。

够被无产阶级所消化,但也并未提出具体的消化方法。而反观列宁,在承认小资产阶级分子入党不可避免之后,根据具体国情提出要教育、改造入党的小资产阶级分子。这种差别虽然细微,但也是值得重视的,尤其是对于当今如何保持党的纯洁性具有一定的指导意义。

总的来说,这一节较为具体地叙述了马恩和列宁关于小资产阶级概念与构成的论述,双方在定义何为小资产阶级时观点基本一致,从生产资料所有制上划出了占有部分生产资料的小资产者,从社会地位、政治态度等方面分析了小资产阶级的内部组成。马恩和列宁采取的方法至今都值得我们细细研究。

3. 对于小资产阶级政党的策略也有差别

就如何对待小资产阶级政党,马克思和恩格斯先是在《共产主义者同盟中央委员会告同盟书》中阐述过对待小资产阶级的关系,即"同小资产阶级民主派一起去反对工人政党所要推翻的派别;而在小资产阶级民主派企图为自己而巩固本身地位的一切场合,工人政党都对他们采取反对的态度。"[①] 除此之外,马恩在1850年还探讨了以下三种情况下无产阶级的"策略":1. 对小资产阶级民主派也处于被压迫地位的现有关系还继续存在时应取什么态度(坚决拒绝主动联合,只接受一时因需要的联合)? 2. 在最近的将来会使小资产阶级民主派获得优势的革命斗争中应取什么态度(工人采取各类手段与之抗衡)? 3. 对这场斗争结束后,在他们的势力超过被推翻各阶级和无产阶级的时候对他们应取什么态度(反对小资产阶级

---

① 《马克思恩格斯选集》第一卷,人民出版社1995年版,第368页。

关于小资产阶级问题：从马克思到列宁　>>>

政党，革命到底）？

但到了19世纪70年代，在德国无产阶级壮大的过程中，马克思和恩格斯认识到了，虽然德国无产阶级有所发展，能够把自己的工人和工人代表派入国会里，"但是，就连无产阶级也还没有成长到不能再与1525年相比的状态。完全地和终生地依靠工资过活的阶级，还远没有构成德国人民的多数。因此，它也得依靠同盟者……，然而，在他们中间，也有一些自动加入工人方面来的优秀的分子"①。也就是说，现实并非是马克思和恩格斯所设想的那种只有两大阶级尖锐对立的社会，在很多国家包括德国，无产阶级虽然有所成长，但是无产阶级并非是人民的多数，所以它需要同盟者，需要向其他阶级借力。因此，尽管马克思和恩格斯看到了小资产阶级的软弱、动摇、落后，认为他们不可靠，但仍然认为他们之中还有一些优秀分子，和他们建立同盟的关系是很有必要的，从而批判了拉萨尔"对工人阶级说来，其他一切阶级只是反动的一帮"的观点。随着革命的发展，马克思和恩格斯再也不能将小资产阶级看作是绝对的"对立方"，而是将他们看作同盟者，对小资产阶级政党逐渐转变了态度和策略。

在继承马克思和恩格斯策略的基础上，结合俄国国情，列宁对小资产阶级政党的策略亦有所发展。就如何对待小资产阶级政党的问题而言，列宁因时势变化不断做出调整。1905年列宁就提出过多党合作的设想，1907年列宁表示"决不应该拒绝革命联盟，拒绝由小资产阶级支持社会党人去反对立宪民主党"②，可之后由于小资产

---

① 《马克思恩格斯选集》第二卷，人民出版社1995年版，第628页。
② 《列宁全集》第十四卷，人民出版社1988年版，第320页。

阶级的摇摆，列宁不得不逐步放弃与小资产阶级的联盟，先是1911年与立宪民主党脱离（保持同农民民主派的联盟），之后1912年他又提出要完全摆脱小资产阶级流派，认为将无产阶级组织同小资产阶级的农民民主派统一起来，"就是最严重地违背这一伟大的马克思主义口号"①，可二月革命后小资产阶级政党占多数且很有影响，列宁不得不同小资产阶级联合，又因小资产阶级的右转而失败，其中的左派（社会革命党人）逐渐同布尔什维克党一道参与革命。因此，到了1917年10月到1918年3月，布尔什维克对小资产阶级政党采取的是合作策略，实行的是多党联合体制，即布尔什维克党与左派社会革命党成立联合政府。可十月革命后，社会革命党公开地进行反对苏维埃的活动，1918年6月被开除出全俄中央执行委员会，1918年间列宁基本放弃了和小资产阶级政党合作的想法，形成了一党执政的局面。

总之，列宁对待小资产阶级政党的策略不外乎"联合与斗争"——批判地利用小资产阶级政党的革命性，"以变应变"——以不断改变的行为应对小资产阶级政党不断改变的态度。可见由于俄国国情的特殊，列宁对待小资产阶级的态度更显宽容、灵活。

---

① 《列宁全集》第二十三卷，人民出版社1990年版，第437页。

第二章

小资产阶级的性格、政治表现及历史命运

在了解了小资产阶级的概念和构成之后，要想进一步了解这个阶级还必须对它的性格、特征及命运做具体分析，马克思、恩格斯、列宁在这些方面有过精辟的见解，接下来就分别介绍马克思、恩格斯和列宁在这些问题上的看法。

一、小资产阶级的性格

不可否认的是，在革命年代，由于经济条件、政治地位等因素的影响，各阶级有各自不同的性格，由此决定着他们不同的行为和命运。马克思、恩格斯、列宁在各自具体的历史条件下，对小资产阶级的性格做了具体的分析。

（一）缺乏魄力、进取心且爱吹牛的小资产阶级

恩格斯在1851年《德国的革命与反革命》中分析德国的革命情况时就看到了小资产阶级缺乏魄力和进取心的性格。他说："小资产阶级擅长于吹牛，在行动上却十分无能，而且不敢做任何冒险。这个阶级的商业交易和信贷业务的小本经营，很容易给它的性格打上

缺乏魄力和进取心的烙印，因此它的政治活动也自然具有同样的特点。"① 在革命中"每当一个地方的武装冲突使事态发展到了危急关头，小商人就十分害怕他们所面临的危险局势，害怕人民真正接受了他们号召武装起来的高调，害怕已经落到他们手里的政权，尤其是害怕他们被迫采取的政策会给他们自己，给他们的社会地位和他们的财产带来的后果"。② 也就是说，恩格斯看到了这样的现实，在革命中要想小资产阶级采取革命的行动是很难的，毕竟这个阶级从事的是商业交易和信贷业务之类的小本经营，这种小本生意会让他们不思进取，丧失打破枷锁的魄力，使他们沉迷于守护手中易丧失的少量财产，迷失在那稍微高于无产阶级的"有产者"地位上，从而使这个阶级在革命中毫无进取心和魄力。要单单做一个承认自己落后的诚实者也好，但偏偏小资产阶级认不清自己的性格，尽管他们害怕危险局势，害怕政策会动摇他们的地位，可他们仍然脸不红心不跳地夸夸其谈，向旁人吹嘘炫耀着自己的"计划"。

俄国小资产阶级也是毫无魄力可言的。列宁在1909年1月7日的《社会革命党人怎样总结革命，革命又怎样给社会革命党人做了总结》中说："另一方面是一小撮社会革命党人'召回派'，他们同群众没有任何联系，由于绝望而惊慌失措，对群众斗争失去信心（见《革命思想》），把精力集中在恐怖手段上面。劳动派的极端机会主义（从革命农民的立场来看）和社会革命党人那种纯粹是口头上的、毫无意义的极端革命主义，是同一种小资产阶级思潮的两种

---

① 《马克思恩格斯选集》第一卷，人民出版社1995年版，第570页。
② 《马克思恩格斯选集》第一卷，人民出版社1995年版，第570页。

局限性，是表现同一'病症'的'两处龈脓肿'，这种病症就是小资产阶级的不坚定，不能不断地、顽强地、坚持不懈地、同心协力地进行群众斗争。"① 也就是说，在俄国，小资产阶级或是采取恐怖主义或是放弃斗争，都反映了他们不可能联合群众进行斗争的现实，这种现实再次证实了小资产阶级缺乏坚持斗争的魄力和进取心。

另外，这种缺乏魄力和进取心的性格还会使得在革命中的小资产阶级变得落后、反动。在革命期间，小资产者幻想不经过革命，而通过别的道路步入社会主义，这种幻想体现了小资产阶级的落后性和反动性。列宁在《左派民粹主义和马克思主义》中就是这么论述的："不经过资本主义的进一步发展，不经过资本主义的大机器生产，而由'另一条'道路走向社会主义，这是俄国自由派老爷或者落后的小业主（小资产者）所特有的'幻想'。直到现在还盘踞在左派民粹派头脑里的这种幻想，只是反映了小资产阶级的落后性（反动性）和软弱性。"② 也就是说，缺乏魄力和进取心的小资产阶级，即便要走向社会主义，也不敢堂堂正正地走革命之路，而是想着通过几乎毫无希望的和平过渡之路，这种道路又正是小资产阶级落后、反动的体现。

（二）善变、软弱且犹豫不决的小资产阶级

小资产阶级不仅是一个缺乏魄力和进取心的阶级，还是一个善变、软弱的阶级。在强者面前，他们就像忠顺的臣仆依附着强者（资产阶级），一旦被强者针对、欺凌时，他们就假装成一个反叛者，

---

① 《列宁全集》第十七卷，人民出版社1988年版，第326页。
② 《列宁全集》第二十五卷，人民出版社1988年版，第313页。

以此来反对强者,可只要强者开始采取强硬的手段时,他们能做的也只不过是快速地自我安慰,来显示自己的"勇敢"。马克思在《路易·波拿巴的雾月十八日》中这样说道:"最近的历史进程又要撇开他们而向前发展。至于在 6 月 13 日曾大嚷大叫'只要敢动一动普选权,那就对他不客气!'的小资产阶级民主派,现在他们却自慰说:反革命给他们的打击根本不是打击,而 5 月 31 日的法律也根本不是法律"①。一开始叫嚣着坚决维护这来之不易普选权的小资产者,在强大的敌手——资产阶级面前瞬间变得唯唯诺诺,说着"反革命给他们的打击根本不是打击,而 5 月 31 日的法律也根本不是法律"这类安慰自己的话,这种前后不一的话语体现的并不是别的什么机智,仅仅是小资产阶级的善变、软弱而已,而且并不是因为善变才软弱,是因为软弱才善变。

再者,这种软弱和善变不仅在强大的压榨者(资产阶级)面前表现出来,在无产阶级面前也是暴露无遗的,恩格斯在《马克思和〈莱茵报〉》中就指出了,"而我们越是不让小资产阶级对我们无产阶级民主派发生误解,它对我们就越顺从,越好说话。越是激烈和坚决地反对它,它就越容易屈服,就越是对工人政党做更多的让步。这一点我们已经体会到了"②。也就是说,这种软弱、善变的小资产阶级,不仅会屈服于比它高一层的资产阶级,还会害怕强硬的"无产者",他们害怕无产阶级激烈和坚决的态度,一旦无产阶级对他们表示激烈而坚决的反对,他们就像浮萍般改变风向,表示顺服和让

---

① 《马克思恩格斯选集》第一卷,人民出版社 1995 年版,第 632 页。
② 《马克思恩格斯选集》第四卷,人民出版社 1995 年版,第 186 页。

步，这种浮萍般的小资产阶级本就没有立场，他们总是向外界示弱，这种软弱是他们的本性。

在帝国主义时期，这种软弱性也会暴露出来，列宁在《路易·博朗主义》中就提到了小资产阶级的这种软弱。他说，在帝国主义面前，"小资产者只是讲讲这种好心的、无关痛痒的、空洞的大话，实际上却束手无策地跟着资产阶级跑，口头上在某些方面对无产阶级表示一点'同情'，实际上却仍然依从资产阶级，不能理解或者不愿理解，只有走打碎资本主义枷锁的道路，才能使人类摆脱帝国主义"①。小资产阶级的这种软弱性，使得他们不仅妥协于资产阶级、无产阶级，甚至妥协于帝国主义。

恩格斯在1870年又重申了马克思的看法——小资产阶级是善变、软弱的阶级。他在《德国农民战争序言——1870年第二版序言》中说："至于小资产者、手艺匠和小店主，他们是永远不变的。他们千方百计地希望跻身于大资产阶级的行列，他们害怕被抛到无产阶级的行列中去。他们彷徨于恐惧和希望之间，在斗争时会力求保全自己宝贵的性命，而在胜利后去投靠胜利者。这就是他们的本性。"② 恩格斯同样将软弱看作小资产阶级的本性，他认为，正因为小资产者有一定的财产，拥有向上流动的渴望，害怕丧失已有的财产而沦为无产阶级，在被这种希望和恐惧支配的前提下，无疑地，他们在斗争中是不愿牺牲的，他们会抱着"留得青山在，不怕没柴烧"的心态在斗争中畏畏缩缩地保全自己，而在胜利后，为了自己

---

① 《列宁全集》第二十九卷，人民出版社1985年版，第128页。
② 《马克思恩格斯选集》第二卷，人民出版社1995年版，第628页。

所拥有的财产和地位,他们会迅速投靠于胜者,这种摇摆不定实际上就是软弱的小资产阶级的真实写照。不仅如此,恩格斯还分析了这样一个事实:由于经济地位的软弱、摇摆不定还会使得他们在革命中就被轻易地吓倒。他在《英国工人阶级状况》1892版德文第二版序言中再次描写了小资产阶级的软弱性格:"1848年的法国革命拯救了英国资产阶级。胜利的法国工人的社会主义口号吓倒了英国小资产阶级,瓦解了比较狭小然而比较实际的英国工人阶级运动。宪章运动正当它应当显示全部力量的时候,却在1848年10月4日外部崩溃到来以前,就从内部崩溃了。"① 小资产阶级的这种软弱使它在被别人打败之前,就被自己打败了。因此,恩格斯做出了"小资产者比贵族还软弱;它远不能和资产阶级抗衡"的结论。

这种软弱的本性还会造就小资产阶级犹豫不决的性格,正因为它软弱,所以它这个也怕那个也怕,只能念念不忘陈谷子烂芝麻的事情,而无法真正地面对现实采取行动,即使是他们的代表,也是如此。恩格斯在《法国工人阶级和总统选举》中就谈到了小资产阶级及其代表的犹豫不决,他说:"工人们给赖德律·洛兰投了不信任票,同时也就是给整个激进小资产阶级投了不信任票。犹豫不决、好唱 devoument(自我牺牲)等的陈词滥调、为了革命的模糊回忆而忘记革命的行动,——这就是赖德律·洛兰和他所代表的那个阶级的固有特征。"②

软弱除了会使小资产阶级犹豫,更多的时候会使得他们动摇

---

① 《马克思恩格斯选集》第四卷,人民出版社1995年版,第425页。
② 《马克思恩格斯选集》第四卷,人民出版社1995年版,第665页。

关于小资产阶级问题：从马克思到列宁 >>>

（即马克思和恩格斯说的善变）。因为软弱，所以他们热衷于依附强者，不愿意进行原则的斗争，一旦有小利可图就会背叛伙伴而转而投入敌人的怀抱中，列宁在1907年的社会民主党和杜马选举中就提到过，"小资产阶级（包括劳动派在内）动摇不定，从一方投向另一方，宁肯同立宪民主党勾结，而不进行原则的斗争。孟什维克是工人政党中的小资产阶级部分。他们在最后一瞬间，找了一点小岔子，就离开革命的无产阶级，转到立宪民主党方面去"①。这种善变、摇摆在革命中出现的并不少，加上满嘴空话的阶级特性，使得"小资产阶级的（即使是革命的）政党具有十足的动摇性和骗人的外形"②。在1907年的《步步下降》中，列宁再次提到"我们没有想到，政治事变的进程会这样确凿地证实了我们一直坚持的一个看法——孟什维克是工人政党里的小资产阶级机会主义部分，也像所有小资产阶级一样，它的特点是无原则和摇摆不定"③。

另外，小资产阶级自身的动摇性加上其谎话的轰炸，使得他们极易从事投机，对群众进行蛊惑，列宁从圣彼得堡工人选民团的选举中看到了社会革命党偶尔能够取得胜利的原因："'革命的'小资产阶级政党没有能力在无产阶级中间踏实地、持久地进行工作，只要群众的情绪稍有变化，它就在郊外各工人区完全销声匿迹了。只是在个别情况下，它才得以利用群众在政治上缺少经验，而通过似乎是广泛地（实际上是含糊地、知识分子夸夸其谈地）提问题的办

---

① 《列宁全集》第十四卷，人民出版社1988年版，第261页。
② 《列宁全集》第十四卷，人民出版社1988年版，第283页。
③ 《列宁全集》第十四卷，人民出版社1988年版，第301页。

法来'迷惑'群众，利用阶级意识的不开展来投机，在同农村的联系依然存在的情况下利用传统的'对土地的眷恋'来笼络人心，等等。"①而且，不仅是俄国的小资产阶级政党如此，连法国的激进社会党的纲领也"完全是一路货色。都是说些冠冕堂皇的话，许下漂亮的诺言，措辞含糊，不谈或忘掉主要的东西，即实现这些诺言的实际条件"②。也就是说，不管是在德国还是在俄国，小资产阶级的软弱本性会使得小资产阶级政党无法真正地脚踏实地，无法真正地在无产阶级群众中工作，只要群众的情绪有所变化，它就因惧怕而退缩了，因为软弱，它进行工作的方式也仅仅是根据"对土地的眷恋"等冠冕堂皇的话语来笼络群众而已。

看了小资产阶级软弱性的表现之后，再来看看列宁对它的进一步批判。1917年6月，列宁对小资产阶级所说的"一旦出现真正的卡芬雅克，我们就同你们在一起"的诺言进行了反击。在看清了小资产阶级的这种漂亮诺言、美好愿望的本质后，他说："这种诺言或愿望暴露了多愁善感或胆怯畏缩的小资产阶级所特有的对阶级斗争的不理解。因为卡芬雅克并不是偶然出现的，他的'出现'也不是孤立的现象。卡芬雅克是一个阶级（反革命资产阶级）的代表，是这个阶级的政策的执行者。社会革命党人和孟什维克先生们，你们现在所支持的正是这个阶级，正是这种政策！你们目前在国内拥有明显的多数，但是你们却让这个阶级及其政策在政府中占优势，也

---

① 《列宁全集》第十四卷，人民出版社1988年版，第344页。
② 《列宁全集》第三十卷，人民出版社1985年版，第24页。

就是给他们提供良好的活动基地。"① 用他自己的话来说，就是"有坟就有鬼。有不坚定的、动摇的、害怕革命发展的小资产阶级，就一定会有卡芬雅克分子出现"②。也就是说，列宁实际上从小资产阶级的软弱性所带来的后果出发来批判这种特性，即列宁认为小资产阶级的软弱，必然会使得卡芬雅克分子出现并得以发展，这对于革命来说是十分有害的。

那么究竟是什么原因使小资产阶级政党和工人政党的小资产阶级部分成为这种软弱的人呢？为什么他们会动摇不定、反复无常、左右摇摆呢？这是由于个人品质问题吗？1907年列宁在《彼得堡选举的意义》中就针对小资产阶级善变、软弱性格的来源从其阶级自身方面做了回答，这是因为"小资产者不相信自己，不能忍受暂时的'孤立'，不能沉着而坚定地对待资产阶级走狗的叫嚣，他们不相信群众即无产阶级和农民的独立的革命斗争，拒绝在资产阶级革命中起领导者的作用，放弃自己的口号，而去迎合和巴结米留可夫之流……"③ 通俗地说，列宁将小资产阶级软弱性格归为其自身不能够相信自己，忍受不了"孤立"，无法应对资产阶级的压力，同时也不相信群众的作用。

而且就小资产阶级为何会做资产阶级的尾巴，成为资产阶级的软弱的附属品的具体原因上，列宁也做了进一步地解释，他说："因为他们在经济上、政治上和思想上不能摆脱对资产阶级的依赖，他

---

① 《列宁全集》第三十卷，人民出版社1985年版，第24页。
② 《列宁全集》第三十卷，人民出版社1985年版，第317页。
③ 《列宁全集》第十四卷，人民出版社1988年版，第370页。

<<< 第二章 小资产阶级的性格、政治表现及历史命运

们把优先权奉送给资产阶级,把资产阶级看成是一种'理想',相信资产阶级叫喊的'来自右边的反革命'的危险。"① 也就是说,正因为小资产阶级在某种程度上是依附着资产阶级的,所以在经济、政治、思想上难免会倾向于资产阶级,甚至有时候情愿成为资产阶级的"工具",即"在资本主义的老根没有挖掉以前"小资产阶级的动摇是无法避免的。

除了以上这些原因会使小资产阶级软弱、摇摆外,还有这样的原因:"可能,在某种力量组合下,在各种不利条件的某种凑合下,绝大多数资产阶级阶层和小资产阶级阶层会暂时变得奴颜婢膝或胆怯。"② 换句话说,除了小资产阶级不相信自己、不相信群众之外,还有一些现实条件的因素,比如:某些力量过于强大、革命处于低迷状态等等。这些外界的现实条件也可能使小资产阶级变得胆怯软弱甚至动摇(甚至连资产阶级也会变得怯懦)。

就从根本上而言,小资产阶级软弱、动摇的根源还是在于其阶级地位及经济地位。列宁在《论革命的两条路线》中就明确地说"小资产阶级的动摇不是偶然的,而是必然的,是由它的阶级地位产生的。军事危机加强了促使小资产阶级——其中包括农民——'左倾'的经济因素和政治因素。这就是俄国民主革命完全有可能取得胜利的客观基础"③。而且,在解释为何不将小资产阶级看作第三个营垒时,他也说过"每一个了解小资产阶级经济地位的马克思主义

① 《列宁全集》第三十二卷,人民出版社1985年版,第78页。
② 《列宁全集》第十五卷,人民出版社1988年版,第296页。
③ 《列宁全集》第二十七卷,人民出版社1990年版,第97页。

者也明白这一点,并且每一个深入思考革命历史教训的人也明白这一点,因为革命历史教训始终表明,在资产阶级和无产阶级的斗争尖锐化的时候,小资产阶级政党总是软弱无力的"①。另外,在回答农民为什么会左右摇摆时,列宁指出,"农民和任何小资产阶级一样,在无产阶级专政下也处于中间的地位:一方面,他们是由劳动者要求摆脱地主资本家压迫的共同利益联合起来的、人数相当多的(在落后的俄国是极多的)劳动群众;另一方面,他们又是单独的小业主、小私有者、小商人。这样的经济地位必然使他们在无产阶级与资产阶级之间摇摆不定"②。也就是说,包括农民在内的小资产阶级尴尬的阶级地位和经济地位使得它不得不左右摇摆,一方面它拥有部分的生产资料,属于有产者,另一方面它因为受着资产阶级的剥削,而地位更趋于无产阶级,这种两难的境地使得他们不得不一直摇摆不定,受外界条件(政治条件、经济条件等)甚至有时是阶级斗争尖锐化的影响,他们不仅可能会在无产阶级与资产阶级之间摇摆,还可能在沙文主义(沙文主义甚至妨碍它在民主革命中成为彻底的阶级)和无产阶级国际主义之间摇摆,还可能会在改良与革命间动摇,还可能在喜爱工人和畏惧无产阶级专政间动摇,等等。

(三)爱慕虚荣、目光短浅的小资产阶级

1865年,马克思在《论蒲鲁东(给约·巴·施韦译的信)》中评价了小资产者蒲鲁东,在那封信中他是这样评价蒲鲁东这类的小资产者的,"对这种人来说,只有一种动力,那就是虚荣心,像一切

---

① 《列宁全集》第三十二卷,人民出版社1985年版,第15页。
② 《列宁选集》第四卷,人民出版社1972年版,第67页。

爱虚荣的人一样，他们所关心的只是眼前的成功、一时的风头。这样，那种例如使卢梭不断避免向现存政权做任何即使是表面妥协的简单的道德感，也必然消失了"①。在马克思眼中，小资产阶级是一群爱慕虚荣的人，虚荣心成了他们的动力，这种追逐虚荣的动力只能使他们醉心于眼前的微小利益，尤为看重当前的得失，使得他们总是想取得眼前的成功，想得到一时的关注，从而让他们变成为一群"近视者"，成为一群丧失道德的人。

而且一旦到了小资产阶级的经济状况有所改善时，会显现得更加明显。在1874年《恩格斯致马克思》的信中，恩格斯就谈到了小资产阶级爱慕虚荣的性格在钱财增多时的表现，他说："英国小资产阶级中的某些暴发户——未必可以称他们为阶层——积累的资财日益增多，奢侈和摆阔气的作风也随之盛行，这点从泽稷岛可以看得很清楚，这正是因为泽稷岛被认为是还算省钱的，也就是说还不算时髦的小岛。"② 也就是说，在一个经济尚不发达的小岛上，一旦小资产阶级中某些人的钱财日益增多时，那部分人就开始过着奢侈的生活，甚至为了向别人炫耀自己有钱而刻意去摆阔气，以至于摆阔炫富在小资产阶级中流行了起来。

令人大跌眼镜的是，爱慕虚荣的小资产阶级在摆阔炫富的同时，竟然还会在"财主"面前卑躬屈节，可实际上两者并非是相互矛盾的，而是反映了小资产阶级爱慕虚荣的两个表现，一方面，摆阔是为了显示自己拥有渴望已久的财富（这很容易让人理解）；

---

① 《马克思恩格斯选集》第二卷，人民出版社1995年版，第621页。
② 《马克思恩格斯全集》第三十三卷，人民出版社1997年版，第121页。

另一方面，小资产阶级的卑躬屈节是为了获得能够给予它虚荣的财富，总之也是为了满足其虚荣心。1912年列宁在《在瑞士》中就对小资产阶级的这种特性做了描写："瑞士的社会党人把瑞士叫作'奴仆共和国'。旅馆业早已成为该国最重要的部门之一，这个小资产阶级国家过多地依靠那些夏天到这里来游山玩水、挥金如土的财主寄生虫。在游客财主面前卑躬屈节的小业主——这就是长期以来瑞士资产者最普遍的典型"①。正因为瑞士的旅游业是小资产阶级赖以生存的行业，为了将那些财主们的钱财留住，爱慕虚荣的小资产阶级不得不像一个奴仆般伺候着拥有钱财的金主，从中获得他们心心念念的钱财，以满足自己的欲望，这也体现了小资产阶级的目光短浅，只为眼前利益所卑躬屈膝，而无法为长久的利益做打算。

（四）消极、冷漠且自私的小资产阶级

小资产阶级不仅软弱、虚荣，而且还态度消极。正如列宁1906年在《把谁选入国家杜马？》中就提到"消极，这是小资产阶级知识分子的品性，而不是革命的品性"②，也就是说革命并非是消极的革命，而是说明革命中的小资产阶级分子是消极的，从孟什维主义的这场危机中，列宁就已经看到了小资产阶级知识分子的这种消极性，他认为"小资产阶级知识分子对进一步革命斗争的可能性毫无信心，害怕承认革命已告结束，害怕承认反动派终于胜利"③。1908

---

① 《列宁全集》第二十一卷，人民出版社1990年版，第406页。
② 《列宁全集》第十四卷，人民出版社1988年版，第152—153页。
③ 《列宁全集》第十四卷，人民出版社1988年版，第166页。

年,列宁在对俄国革命的估计时,又重提了小资产阶级的这种消极品性,他说:"小市民的俄国在1905年革命冲击后的第二天,就明显地表现出而且日益表现出小资产阶级机会主义的幻想,这种机会主义希望不经过斗争就达成妥协,它害怕斗争,一遭到失败就急忙抛弃自己过去的东西,就以灰心、沮丧和变节行为来毒化社会气氛。"① 总而言之,小资产阶级的消极态度表现在:一旦革命受到冲击、失败后,他们不是立马调整准备下一次的斗争,反而是急匆匆地丢掉过去,转而以消极的言语和行为来"感染"他人。

除了消极,小资产阶级性格中还存在着自私自利、自由散漫的因子。列宁在《苏维埃政权的当前任务》中就提过:"今天,这种复辟,这种同样的复辟,又以另一种形式威胁着我们,它表现为小资产阶级自由散漫的和无政府主义的自发势力以及小私有者'事不关己'心理的自发势力,表现为这种自发势力对无产阶级纪律性进行的日常的、细小的、可是为数极多的进攻和袭击。"② 也就是说,小资产阶级自由散漫,排斥纪律性,而且对与自己无关的事情都是冷漠不关心的。可我们要注意的是,这种散漫且自私冷漠的性格在向社会主义过渡的过程中是利弊并存的(弊大于利),"因为小私有者有一个愿望,那就是多捞一把,多得一些",那么对于我们"使大地主、大剥削者破产,把他们消灭"③ 的目的而言,小资产阶级是支持我们的,可也正因为他们是小私有者,他们也是害怕国家资本

---

① 《列宁全集》第十七卷,人民出版社1988年版,第32页。
② 《列宁全集》第三十四卷,人民出版社1985年版,第183页。
③ 《列宁全集》第三十四卷,人民出版社1985年版,第236页。

主义的，因此他们对集中的、有计算和监督的、社会化的国家资本主义来说是有威胁的，以至于使得"小资产阶级使整个社会气氛浸透了小私有者的倾向，这种倾向简单说来就是：富人的东西我拿到了手，别人的事我不管"①。也就是说，小资产阶级的散漫、自私冷漠对社会主义改造而言，是有害的，会让保障劳动纪律变得更加困难，让国家资本主义难以实行。

二、小资产阶级的政治表现

在了解了小资产阶级的性格及其根源之后，那么小资产阶级在现实中到底是怎样的一种阶级？他们面对革命是何种态度呢？他们对未来抱有何种期望？这些问题都值得我们去探究。

（一）在革命中是墙头草般（动摇）的存在

就连马克思和恩格斯都不能不承认，小资产阶级是社会革命中的重要力量之一。那么在革命中这种力量表现如何？是否能够值得依靠和信赖？这些都是革命中的无产阶级政党应该思考的问题，马克思和恩格斯、列宁都对此做出了回答。

在《共产主义者同盟中央委员会告同盟书》中，马克思和恩格斯首先指出，在小资产阶级受到压迫时"他们一般地都向无产阶级宣传团结与和解，表示愿意与无产阶级携手合作，力求建立一个包括民主派内各种人物的巨大的反对党"②，而在斗争的过程中，"小资产者群众也必定会和从前一样，行动尽可能拖延，采取犹豫不决

---

① 《列宁全集》第三十四卷，人民出版社1985年版，第237页。
② 《马克思恩格斯选集》第一卷，人民出版社1995年版，第369页。

和消极的态度"①，直到将来取得胜利的时候，小资产阶级则"把胜利果实据为己有，要求工人镇静下来，回去劳动，防止所谓过火行为，并且不让无产阶级享有胜利果实"②。概括来说，马克思和恩格斯认为，小资产阶级在革命前、革命中、革命后都是各自的样貌，革命前因压迫而联合能够联合的阶级，革命中躲躲闪闪，革命后夺取胜利果实。

就小资产阶级在革命中的具体表现而言，马克思和恩格斯对此有过很多具体的论述，恩格斯在《德国的革命与反革命》中是如此描述的：这种缺乏魄力和进取心的小资产阶级"是用漂亮的言辞和吹嘘它要完成什么功绩来鼓动起义的；一旦完全违背它的愿望而爆发了起义，它就迫不及待地攫取权力；但它使用这种权力只是为了毁灭起义的成果。每当一个地方的武装冲突使事态发展到了危急关头，小商人就十分害怕他们所面临的危险局势，害怕人民真正接受了他们号召武装起来的高调，害怕已经落到他们手里的政权，尤其是害怕他们被迫采取的政策会给他们自己，给他们的社会地位和他们的财产带来的后果。人们不是希望他们真的像他们常说的那样，为了起义的事业，可以不惜牺牲'生命财产'吗？他们在起义时不是被迫担任官方职务，因而在失败时就有失去自己的资本的风险吗？而在起义胜利时，他们不是深信自己会立即被赶下台，并且眼看着他们的全部政策被作为他们的战斗部队主力的胜利的无产阶级根本改变吗？这样，小资产阶级就被种种互相对立的危险团团包围，它

---

① 《马克思恩格斯选集》第一卷，人民出版社1995年版，第369页。
② 《马克思恩格斯选集》第一卷，人民出版社1995年版，第369页。

除了让一切都听天由命之外，再也不知道如何使用它的权力；因此，它当然也就失去了本来可能有的取得胜利的小小的机会，而把起义完全断送了。小资产阶级的策略，或者更确切些说，小资产阶级的毫无策略，到处都是一样，所以1849年5月德国各个地方的起义，也都是由一个模子铸出来的"①。也就是说，在具体的革命中，小资产阶级用一些他们并不想实现的激昂的话语来鼓动人民，而一旦人民拿起武器起义，他们便想着夺取成果，以便毁坏革命成果，以此来保证自己的财产及其地位，即便是取得权力的他们，还是会如墙头草一般顺风摇摆，不会运用什么策略，以至于最后白白将起义断送在恐惧中。

因此，这种极不可靠的小资产阶级不可能成为革命的领导者，就其经济条件而言，他们"不可能发动一场新的革命；他们只能或者跟着统治阶级走，或者做工人阶级的追随者"②。倘若真的"事情由小资产阶级来决定的话，那它未必会抛弃处处以法律为依据来进行合法、平和而又软心肠的斗争的这种立场，未必会借助于火枪和石块来代替所谓的精神武器"③。在革命伊始，小资产阶级有时甚至拥有口头上最极端的立场，而在危险面前，它便胆小如鼠、摇摆不定，一旦发展到执武器进行斗争时，它就预备出卖整个运动以保存其生存条件。但是因为经济条件、政治地位的因素，"在小资产阶级的后面，都有其他的阶级来响应由它所发起并为它的利益而服务的

---

① 《马克思恩格斯选集》第一卷，人民出版社1995年版，第570页。
② 《马克思恩格斯选集》第三卷，人民出版社1995年版，第94页。
③ 《马克思恩格斯全集》第七卷，人民出版社1986年版，第130页。

第二章 小资产阶级的性格、政治表现及历史命运

运动，它们促使这个运动更加明确、更加坚强有力，而且尽力一有可能就去掌握运动。这些阶级就是无产阶级和相当大的一部分农民，此外，小资产阶级的进步派别也往往暂时依附它们"①。也就是说，此种软弱、摇摆的小资产阶级无法领导革命，他们只能依附无产阶级（甚至还有很大部分的农民），若任无产阶级按照自己的意愿来摆弄革命，无疑会使革命以失败告终。

而且，这种墙头草般的小资产阶级在革命中不仅依附于无产阶级，在很多事上小资产阶级对大资产阶级仍然抱有很大的期望，甚至是依赖。小资产阶级会有这样的看法："一件事情，只要有大资产阶级的参与，那就可以认为已经注定成功，就可以指望一切阶级的居民的支持，因而也就可以去冒点险了"②，因此，在遇见有大资产阶级参与的事情时，他们"急忙地摆出了一副不可一世的姿态"，急匆匆地跟在大资产阶级的后面，可实际上到了最后还是避免不了被假盟友大资产阶级所出卖。在《德国维护帝国宪法的运动》中，恩格斯还指出了这样的事实，即便在开始时小资产阶级不借力于大资产阶级，可在取得领导权后，"它所采取的第一个步骤，就是要市参议会即大资产阶级来承认它的权力的合法性"③，在小资产阶级里面，"只有为数很少的一部分人下定决心在城市遭到进攻时拿起武器来实行自卫，而绝大多数的人则努力使自己相信，只要威胁一下，就能把政府吓得不得不停止炮击爱北斐特并实行让步；在其他方面，

---

① 《马克思恩格斯全集》第七卷，人民出版社1986年版，第130页。
② 《马克思恩格斯全集》第七卷，人民出版社1986年版，第140页。
③ 《马克思恩格斯全集》第七卷，人民出版社1986年版，第145页。

这绝大多数的人也事事给自己留下一条退路以防患于万一"①。也就是说，这种软弱的小资产阶级在革命中往往想通过依附、巴结大资产阶级，通过采取温和的恐吓，来达到变革社会的目的，可这种事事都留退路的办法在革命中是行不通的。

总之，在马克思和恩格斯眼中，"大资产者和工人是直接对立的。小资产者扮演着一种居间调停的但是非常可怜的角色。但是他们在临时政府中占居多数（拉马丁、马拉斯特、杜邦·德·累尔、马利、加尔涅-帕热斯，有时还加上克莱米约）。他们，还有和他们一起的临时政府，都动摇得很厉害。局势愈平静，政府和小资产阶级政党就愈倾向于大资产阶级；局势愈动荡，他们就愈是重新和工人们联合起来。"② 也就是说，在革命中的小资产阶级处于两大对立阶级中间，在不同时期他们摇摆的方向不同，他们没有自己的革命立场，属于可怜的调停者。

（二）小资产阶级的两重性

马克思和恩格斯着重描写了小资产阶级在革命中的动摇，列宁结合俄国具体国情描述其动摇时还指出了他们的两重性。在《什么是"人民之友"以及他们如何攻击社会民主党人》中，列宁对小资产阶级的两重性做了分析。他说："它是进步的，因为它提出一般民主主义的要求，就是说，它反对中世纪时代和农奴制度的一切残余；它是反动的，因为它极力保存自己的小资产阶级地位，力图阻止和

---

① 《马克思恩格斯全集》第七卷，人民出版社1986年版，第146页。
② 《马克思恩格斯全集》第二十七卷，人民出版社1972年版，第501页。

扭转国家朝着资本主义方向的发展。"① 用列宁别的话来表述就是,"一方面,它趋向无产阶级与民主主义;另一方面,它又趋向反动阶级,企图阻止历史行程,会折服于专制制度的种种试探和诱惑手段(例如亚历山大三世所实行的'人民政策'),为了巩固自己小私有者的地位而会和统治阶级结成同盟反对无产阶级。"② 除此之外,在《评经济浪漫主义》中,列宁也提到了小资产阶级两重性、两面性的另一层含义,他指出:"这种中间地位必然决定了小资产阶级的特殊性,即两重性、两面性,它倾向于斗争中幸运的少数,敌视'倒霉'的多数。商品经济愈向前发展,这些特质就表现得愈明显、愈突出,把小生产理想化只是反映了反动的小资产阶级观点,这一点就看得愈清楚。"③ 这里的两重性就有了双重含义,一是指小资产阶级有进步和反动两个方面,二是指小资产阶级倒向胜者,踩压负者。实际上,这种两重性源于中间阶级的地位,目的都是为了保存其小生产者的地位。

(三)小资产阶级的政治诉求及其实现途径

虽然小资产阶级是如墙头草般的存在,但是他们并非是一盘散沙,他们有着自己的政治代表和政治诉求。由于小资产阶级是小私有者,一般来说,他们革命运动的目标并不会脱离其经济基础。就像马克思和恩格斯在《共产主义者同盟中央委员会告同盟书》中说到的那样,不仅"立宪民主派小资产者,他们在迄今为止的运动中

---

① 《列宁全集》第一卷,人民出版社1984年版,第253页。
② 《列宁全集》第二卷,人民出版社1984年版,第436页。
③ 《列宁全集》第二卷,人民出版社1984年版,第189页。

关于小资产阶级问题：从马克思到列宁 >>>

所追求的主要目标是要建立一个多少有点民主的联邦国家"①，而且就共和派小资产者而言也是如此，"他们的理想是建立一个瑞士式的德意志联邦共和国"②。

更具体地说，"民主派小资产者根本不愿为革命无产者的利益而变革整个社会，他们要求改变社会状况，是想使现存社会尽可能让他们感到日子好过而舒服"而已，"因此，他们首先要求限制官僚制度以缩减国家开支，让主要税负由大土地占有者和大资产者承担。其次，他们要求消除大资本对小资本的压迫，设立国家信用机构，颁布取缔高利贷的法令，这样他们和农民就可以不从资本家那里，而从国家那里以优惠条件得到贷款；然后，他们再力求彻底铲除封建制度，在农村中建立资产阶级的财产关系"③。就在这些经济要求的基础上，"他们需要有一种能使他们及其同盟者农民占多数的民主的——不论是立宪的或共和的——政体，并且需要有一种能把乡镇财产的直接监督权以及目前由官僚行使的许多职能转归他们掌握的民主的乡镇制度"④。以此来看，小资产阶级有着自己的政治代表（立宪民主派、共和民主派等），他们想要以民主主义的方法改造社会，缓和资本和劳动间的对抗，他们相信这些就是现代社会得到挽救并使阶级斗争消除的一般条件，而且并非所有的民主派代表人物都是那些小店主、小商人或者崇拜小店主的人，就所受的教育和地

---

① 《马克思恩格斯选集》第一卷，人民出版社 1995 年版，第 366 页。
② 《马克思恩格斯选集》第一卷，人民出版社 1995 年版，第 366 页。
③ 《马克思恩格斯选集》第一卷，人民出版社 1995 年版，第 368 页。
④ 《马克思恩格斯选集》第一卷，人民出版社 1995 年版，第 368 页。

位而言，与之有着天差地别的那些人也有可能成为小资产阶级代表人物，这是因为"他们的思想不能越出小资产者的生活所越不出的界限，因此他们在理论上得出的任务和解决办法，也就是小资产者的物质利益和社会地位在实际生活上引导他们得出的任务和解决办法"。

列宁针对小资产阶级实现他们政治诉求的方法做了描述，他说"小资产阶级，即使是最激进的小资产阶级（包括我国的社会革命党人在内），预见到的是在资产阶级革命以后不会有阶级斗争，大家都安居乐业、太平无事。所以他们预先就'为自己营造安乐窝'，主张在资产阶级革命中实行小资产阶级改良主义的计划，大谈各种不同的'土地份额'，大谈'调节'地产、巩固劳动原则和巩固小劳动经济等。小资产阶级的方法就是要建立尽可能是社会和平的关系"①。也就是说，求稳求安的小资产阶级认为在资产阶级革命中采取改良主义就可以了，认为一些修修补补的措施就能够建立起和平的社会关系，甚至小资产阶级知识分子"不是从雇佣工人同资产阶级的阶级斗争中去寻求摆脱资本主义的出路，而是通过向'全体人民'，向'社会'，也就是向资产阶级本身呼吁，去寻求摆脱资本主义的出路"，以此来希望达到其政治诉求，可事实上小资产阶级的这类中间路线是毫无生命力的。

（四）小资产阶级落后、反动的政治思想充斥着矛盾

小资产阶级有着自己的政治代表和政治诉求，其代表人物表达

---

① 《列宁全集》第十六卷，人民出版社1988年版，第326页。

着他们的政治思想。马克思和恩格斯对小资产阶级政治代表及其观点有着深深的鄙夷，予以深刻的批判。

马克思在《论蒲鲁东（给约·巴·施韦译的信）》中对蒲鲁东（小资产者的代表人物之一）及其小资产阶级观点做了具体的分析，他说，蒲鲁东的《政变》"是坏的著作，而且简直是卑鄙，然而是适合小资产阶级观点的卑鄙"，可"蒲鲁东是天生地倾向于辩证法的。但是他从来也不懂得真正科学的辩证法，所以他陷入了诡辩的泥坑"。蒲鲁东之所以如此和其小资产阶级观点是分不开的，毕竟"小资产者像历史学家劳默一样，是由'一方面'和'另一方面'构成的。他在自己的经济利益上是如此，因而在自己的政治上、在自己的宗教观点、科学观点和艺术观点上也是如此。他在自己的道德上是如此，在一切事情上都是如此。他是活生生的矛盾"[①]，一旦像小资产者蒲鲁东那么有才智，那必然地，"他很快就会学会玩弄他本身的矛盾，并且根据具体情况把这些矛盾变成出人意料的、大吹大擂的、时而丑恶、时而辉煌的反论"[②]，这种小资产阶级的反论说到底不过是"科学上的招摇撞骗和政治上的投机"。在小资产者代表人物（从洛克到李嘉图）的观点上也能发现这些矛盾的东西。比如，"（1）在经济上，他们都反对以劳动为基础的私有制，证明对群众的剥夺的优越性和资本主义生产方式的优越性；（2）在意识形态和法律上，他们把以劳动为基础的私有制的意识形态硬搬到以剥夺直

---

① 《马克思恩格斯选集》第二卷，人民出版社1995年版，第621页。
② 《马克思恩格斯选集》第二卷，人民出版社1995年版，第621页。

<<< 第二章　小资产阶级的性格、政治表现及历史命运

接生产者为基础的所有制上来。"①这些具有矛盾的反动政治观点，也是小资产阶级动摇、反动的表现之一。

毋庸置疑，小资产阶级的观点是反论，可实际上有时候这种反论又没有那么危险，有时候又是必须要给予驳斥的。恩格斯在《论住宅问题——1887年第二版序言》中说过，某些小资产阶级社会主义的代表"虽然承认现代社会主义的基本观点和变一切生产资料为社会财产的要求是合理的，但是认为只有在遥远的、实际上是无限渺茫的未来才有可能实现这一切。因此，人们现在只需从事单纯的社会补缀工作，甚至可以视情况同情那些极反动的所谓'提高劳动阶级'的意图"，可这种观点是不可避免的，对于运动也是不危险的。我们不能将所有小资产阶级的观点都看作是十恶不赦的，有些在民主方面的要求在现实中也是值得重视的。可一旦某些小资产阶级观点涉及抹杀掉无产阶级思想和小资产阶级的差别时，这就是无法容忍的（就是需要批驳的了）。在住宅问题上，小资产阶级人物米尔伯格论述过这样的观点："工人进行当前的社会革命'首先'是为了小资产者的利益。其次，小资产者的利益同无产阶级的利益有'绝对的内在同一性'。既然小资产者的利益与工人的利益是内在地同一的，那么工人的利益也就与小资产者的利益是内在地同一的了，因此，小资产阶级的观点在运动中也就与无产阶级的观点同样合理了。"恩格斯就借用《共产党宣言》对此批判（这种诡辩的小资产阶级观点既是反动的，同时又是空想的）来做出回应。之后，恩格

---

① 《马克思恩格斯全集》第四十九卷，人民出版社2016年版，第144页。

斯在《马克思和〈新莱茵报〉》中又再次表示，在革命时期，对于在"民主派小资产阶级想用它惯用的词句——我们大家的愿望都是一样的，一切分歧只是出于误会——来抹杀它与无产阶级的阶级对立的场合"中，无产阶级都要对此加以反对。

列宁在马克思和恩格斯关于小资产阶级观点的基础上总结了小资产阶级学说的基本特点："只见树木不见森林，——这就是小资产阶级学说的基本特点，他（小资产阶级思想家）只看见对农奴制的抗议和猛烈攻击，而看不见资产阶级性，因为他不敢正视在这些疯狂喊叫中建立起来的那种制度的经济基础。"① 这种站在资本主义关系的基础上反对资本主义正是俄国小资产阶级思想家的观点，他们其实并不害怕资产阶级性，而只是害怕资产阶级性的加深。在这种思想的影响下，俄国很多小资产阶级思想家（经济浪漫主义者）将"小生产看作'社会组织'，一种'生产形态'，并把它同资本主义对立起来"。可实际上"这种对立只不过说明他们的了解极端肤浅，这是人为地不正确地把商品经济的一种形式（大工业资本）分离出来加以斥责，而把同一商品经济的另一种形式（小生产）加以乌托邦式的理想化"②。从这里也能看出小资产阶级观点的片面性、落后性，他们片面地反对资产阶级，想以另一种方式（通过阻止社会的发展、维护宗法关系、摧毁人性）保全自己。除了经济浪漫主义者，还有民粹派亦是如此，"一方面，民粹派并不否认，在我国生活中还存在着大量起源于采邑时代的

---

① 《列宁全集》第一卷，人民出版社1984年版，第347页。
② 《列宁全集》第二卷，人民出版社1984年版，第188页。

'劳动组织'的残余，这种劳动组织同现代经济结构，同国家整个经济和文化发展存在着极大的矛盾。另一方面，民粹派不能不看到，这个经济结构和这种发展有毁灭小生产者的危险，所以，为这位维护自己'理想'的保卫者的命运担心的民粹派，就极力设法拖住历史，阻止发展，苦苦哀求'禁止'发展，'不准'发展，并且以'劳动组织'这种不能不令人苦笑的词句，来掩饰这种可怜而又反动的哀告。"[1] 所以不管是民粹派还是经济浪漫主义，他们的观点都摆脱不了"只见树木不见森林"的特点，都摆脱不了小资产阶级观点的落后性、反动性。

那么这种落后、反对的小资产阶级观点是否是毫无生命力的呢？还真不是，列宁在《智者所见略同》中就说过："小资产阶级在工农业中'受到压迫'的同时，还有一个如德国人所说的'新的中间等级'，即小资产阶级的新阶层——知识分子在产生和发展。他们在资本主义社会中的生活也愈来愈困难了，他们大多数人是以小生产者的观点来看这个社会的。很自然，这必然会使小资产阶级思想和学说以各种各样的形式广为传播，经常复活。"[2] 也就是说，随着工业的发展，知识分子的境遇也会越来越倾向于小资产阶级，从而使小资产阶级思想和学说传播形式更为丰富，受众更加多元。

---

[1] 《列宁全集》第二卷，人民出版社1984年版，第329页。
[2] 《列宁全集》第七卷，人民出版社1986年版，第188页至第189页。

三、小资产阶级的历史命运

这种软弱、动摇的中间阶级在历史的长河中又该何去何从呢？是发展成独立阶级还是归于两大阶级的其中一方呢？就这些问题而言，马克思、恩格斯和列宁都给予了一定的回答。

在《共产党宣言》中，马克思和恩格斯对小资产阶级的境遇和命运做了分析。关于小资产阶级在资产阶级社会中的境遇，他们说："好一个劳动得来的、自己挣得的、自己赚来的财产！你们说的是资产阶级财产出现以前的那种小资产阶级的、小农的财产吗？那种财产用不着我们去消灭，工业的发展已经把它消灭了，而且每天都在消灭它。"① 也就是说，在资产阶级社会，工业会不断消灭掉小资产阶级的财产，这种小资产阶级经济是不符合资产阶级社会发展趋势的，它势必被工业所碾压、侵蚀。所以它的命运只能是如此："它摇摆于无产阶级和资产阶级之间，并且作为资产阶级社会的补充部分不断地重新组成。但是，这一阶级的成员经常被竞争抛到无产阶级队伍里去，而且，随着大工业的发展，他甚至觉察到，他们很快就会完全失去他们作为现代社会中一个独立部分的地位，在商业、工业和农业中很快就会被监工和雇员所代替。"② 也就是说，摇摆于两大阶级的小资产阶级，必然不会一直如此，要么上升成为资产阶级，但大多数都会沦为无产阶级，很快地他们就不再是现代社会中的独立部分，很快就会被替代掉。

---

① 《马克思恩格斯选集》第一卷，人民出版社1995年版，第278页。
② 《马克思恩格斯选集》第一卷，人民出版社1995年版，第278页。

恩格斯1894年在《未来的意大利革命和社会党》中再次提到了小资产阶级的命运,他说:"这是正在没落和瓦解的中世纪的小资产阶级,这些人目前还不是无产者,但却是未来的无产者。只有这个面临着经济破产并且已经陷入绝境的阶级,能够为革命运动提供大批战士和领袖。农民将会支持他们。农民虽然由于土地分散和不识字而没有可能表现任何有效的主动精神,但是毕竟是强大的和不可缺少的同盟者。"① 列宁对小资产阶级总的命运也做过类似的论述,他说,小资产者"他们和资本主义社会的所有其他成员一样,也处在同样的矛盾关系中,同样用斗争来捍卫自己,这种斗争一方面不断地分离出少数大资产者,另一方面则把大多数人赶入无产阶级的队伍。"② 这又再一次强调了小资产阶级不可避免会没落和瓦解的历史命运,他们往往由于破产而陷于绝境,被逼着走上革命的道路,从而为革命运动提供了源源不断的"生力军"。

事实上,除了工业的发展会加速小资产阶级的破产,股份公司的形式也会加速其破产。到了各国经济生活的新时代,股份公司的形式得到了广泛运用,所以不可避免地会出现以下两方面的后果:"一方面,它显示出过去料想不到的联合的生产能力,并且使工业企业具有单个资本家力所不能及的规模;另一方面,不应当忘记,在股份公司中联合起来的不是单个人,而是资本。由于这一套做法,私有者变成了股东,即变成了投机家。资本的积聚加速了,其必然

---

① 《马克思恩格斯选集》第四卷,人民出版社1995年版,第453页。
② 《列宁全集》第二卷,人民出版社1984年版,第189页。

结果就是，小资产阶级的破产也加速了。"① 也就是说，这种股份公司的形式会使工业企业的规模迅速扩大，从而使生产力得以快速提升，可在这个形式下，联合的不是个人而是资本，资本的集聚必然会加速小资产阶级的破产。毕竟"如果一个囊空如洗的人一夜之间变成了百万富翁，那必然要有一千个拥有一千元的人在一日之内沦为乞丐!"② 这样的话，现代社会小资产阶级的日子会更难熬，毕竟他们破产的风险要大得多，生产方法变革越是迅速，机器使用越是普遍，破产的农民和小资产阶级就会更多，这种破产的情况会越来越明显和普遍。

关于卷入革命的小资产阶级是否能够改变他们衰落的命运，马克思对此做了回答，他在《柏林"国民报"致初选人》中说道："幸而历史的发展很少关心巴罗先生们'想要'什么和'不想要'什么。巴黎的真巴罗在2月24日'想要'得到的不过是一些微小的改革，不过是为自己取得一个部长职位而已。在他刚刚等到这些的时候，巨浪就把他卷走了。于是，他和他的全体善良的小资产阶级的信徒，就在革命的浪潮中消失不见了。现在也是这样，现在他终于重新取得了部长职位，他又'想要'各种东西了。然而，他所要的东西，一件也没有实现。自古以来，一切巴罗的命运都是如此。柏林的巴罗们也将遭到同样的命运。"③ 也就是说，历史的发展不会顺着小资产阶级的意愿，他们叫不停革命的步伐，小资产阶级想要

---

① 《马克思恩格斯全集》第十二卷，人民出版社1998年版，第70页。
② 《马克思恩格斯全集》第十二卷，人民出版社1998年版，第729页。
③ 《马克思恩格斯全集》第六卷，人民出版社1986年版，第245页至第246页。

的只不过是微小的利益和改革,可只要革命一开始便不会随着他们的意愿而停止,所以那些善良的小资产阶级就会在革命中消失不见。即便暂时他(小资产阶级)获得了想要的东西,可是最后在历史中他(小资产阶级)还是什么都不会得到,这就是小资产阶级的命运,这是无法改变的。

探讨到这里,我们也能发现,在马克思和恩格斯眼中,小资产阶级问题本就不是什么大问题,从《共产党宣言》中,我们就能很容易地看到,马克思和恩格斯认为当今时代的阶级对立已经日益简单化了,"整个社会日益分裂为两大敌对的阵营,分裂为两大相互直接对立的阶级:资产阶级和无产阶级"[1],即无产阶级与资产阶级进行"最后的斗争"时,小资产阶级作为独立的社会阶级已经分化得几乎不存在了。所以,他们将小资产阶级的政治主张看作是"怯懦的悲叹",将小资产阶级的命运看作直线下降般的衰落(很快就会消失),以至于他们得出小资产阶级问题只会越来越小的结论。

但是,马克思、恩格斯关于社会主义革命的设想,并没有在唯物史观规定的生产力高度发达的西方国家实现,而是发生在俄国和中国的共产党革命,其社会经济状态完全是另一番景象。发生过社会主义革命的俄国和中国,两者都是小资产阶级问题非常突出的国家,小资产阶级人数众多,而无产阶级人数却很少,所以在革命中,小资产阶级问题不是越来越小,而是越来越大。因而在这种主要由小资产阶级为主的阶级社会中如何看待小资产阶级,在民主革命中

---

[1] 《马克思恩格斯文集》第二卷,人民出版社2009年版,第32页。

关于小资产阶级问题：从马克思到列宁 >>>

如何对待小资产阶级，在社会主义革命中如何对待小资产阶级，等等，这些问题就接踵而至了，而且这些问题来得要比马克思和恩格斯所设想的更紧迫、更严重。不过幸好的是，列宁和毛泽东都向历史做出了符合国情的回答。就列宁来说，列宁在马克思和恩格斯关于小资产阶级命运的探讨上，对俄国小资产阶级的命运问题做了自己特有的"回答"。对于马克思恩格斯来说，他们认为小资产阶级是必然会被历史灭亡的，小资产阶级问题并不是个大问题，所以马克思和恩格斯并未想要对小资产阶级的消亡添加任何的加速药剂。与之相比不同的是，列宁所领导的布尔什维克党夺取了政权之后，在从资本主义向社会主义过渡时，他们"主要的敌人是小资产阶级，是它的风尚、习惯和经济地位"①，所以他们在社会主义改造时面临着如何加速小资产阶级灭亡的问题。这些现实因素使得列宁不仅认为小资产阶级必定会消亡，而且还力图加速小资产阶级的灭亡。在社会主义改造期间，为了加速小资产阶级的灭亡，他打出"苏维埃不是小资产阶级同资本家妥协的机关，不是进行议会空谈（如考茨基、龙格和麦克唐纳之流的空谈）的机关，而是真正革命的无产阶级同剥削者作你死我活斗争的机关"的口号，提出无产阶级在当时的两大任务："第一，用自己在反对资本的革命斗争中奋不顾身的英勇精神吸引全体被剥削劳动群众，吸引他们，组织他们，领导他们去推翻资产阶级和彻底镇压资产阶级的一切反抗；第二，把全体被剥削劳动群众以及小资产阶级的所有阶层引上新

---

① 《列宁全集》第三十四卷，人民出版社1985年版，第236页。

   <<< 第二章　小资产阶级的性格、政治表现及历史命运

的经济建设的道路，引上建立新的社会联系、新的劳动纪律、新的劳动组织的道路，这种劳动组织把科学和资本主义技术的最新成就同创造社会主义大生产的自觉工作者大规模的联合联结在一起。"① 也就是说，列宁在过渡时期将小资产阶级看作主要的敌人，力图联合被压迫劳动群众去反对他们，并且为了改变他们的经济地位、习惯、风尚，提出了一系列的措施：比如通过国家资本主义，对产品的生产和分配实行全民的计算和监督，以此来消灭小资产阶级的经济；通过建立合作社来完成小资产阶级的转变，等等。总之，列宁在坚持马克思和恩格斯关于小资产阶级必然会消亡的基础上，从经济、思想等方面为小资产阶级的消亡添加了加速剂。

  我们现在还要思考的一个问题是，小资产阶级的命运既然并没有像马克思和恩格斯设想的那般衰落下去直至消失，那么是否这个论断就是错误的呢？如果这个论断是正确的，那么我们该如何对待当今（中国）社会的小资产阶级呢？就小资产阶级的命运而言，这是马克思运用阶级分析方法得出来的，最后不论是小资产阶级，还是资产阶级或无产阶级，都会消失在历史长河中的，它们都是历史的产物（这是毋庸置疑的）。可在小资产阶级还未消亡的时候，在经济基础还达不到使它消亡的时候，我们是否要采取一些别的措施呢？从历史和现实出发来思考，就要求我们做到以下几点：首先，我们要做的不是强制消灭这个阶级，也不是闭目塞听，否认其存在，而

---

① 《列宁选集》第四卷，人民出版社1972年版，第13页。

是正视它存在的客观性；其次，就是要结合具体的历史条件，对这一时期的小资产阶级做这一时期的分析，了解它的性格、政治诉求及思想；最后，就是努力引导这个阶级与该时期的基本国情相适应，使之为社会发展贡献出自己的力量。

第三章

无产阶级对待小资产阶级的策略

一、马克思恩格斯论对待小资产阶级的策略

在对马克思和恩格斯有关于小资产阶级的策略做考察时，首先我们要了解马克思和恩格斯是如何看待这个阶级的，他们在《共产党宣言》中就提到：那种"小资产阶级的、小农的财产"，"用不着我们去消灭，工业的发展已经把它消灭了，而且每天都在消灭它"。[①] 它也就是说，在马克思和恩格斯眼中，小资产阶级并不是什么大问题，随着工业和资本主义的发展，小资产阶级会消灭，而用不着"我们"去人为地干预。在这种不把小资产阶级问题看作大问题的指引下，马克思和恩格斯在对待小资产阶级的策略上，亦有所体现。之后随着革命态势的发展，马克思和恩格斯对小资产阶级的态度有些转变，从而导致了策略的调整。

---

① 《马克思恩格斯选集》第一卷，人民出版社1995年版，第278页。

（一）19世纪50年代：反对小资产阶级的策略

在19世纪50年代，马克思和恩格斯认为要始终反对小资产阶级，为了革命的目的可能会有一些短暂的、非人为的联合，但对于小资产阶级的主动联合我们必须拒绝。对于小资产阶级的一些策略、措施、观点等，我们也要以共产主义的原则进行反对。

1. 为目的而自然联合，为目的而坚决反对

无产阶级要制定应对小资产阶级的策略，就不得不先解决"无产阶级政党和小资产阶级民主派到底是何种关系"的问题，马克思和恩格斯在《共产主义者同盟中央委员会告同盟书》（以下简称《告同盟书》）的前半部分就回答了这个问题，所以在之后就根据两者关系制定出了无产阶级政党应对小资产阶级民主派的策略。

在《告同盟书》中，马克思和恩格斯中是这样描述无产阶级政党和小资产阶级民主派的关系的，他们说："同小资产阶级民主派一起去反对工人政党所要推翻的派别；而在小资产阶级民主派企图为自己而巩固本身地位的一切场合，工人政党都对他们采取反对的态度。"① 在革命中，无产阶级和小资产阶级政党间的关系能够被归纳为：为工人阶级目的而联合，因小资产阶级企图而反对。具体而言，小资产阶级到底有何企图呢，他们不过是希望"限制官僚制度以缩减国家开支，让主要税负由大土地占有者和大资产者承担"，"消除大资本对小资本的压迫，设立国家信用机构，颁布取缔高利贷的法令"，"彻底铲除封建制度，在农村中建立资产阶级的财产关系"②，

---

① 《马克思恩格斯选集》第一卷，人民出版社1995年版，第367页。
② 《马克思恩格斯选集》第一卷，人民出版社1995年版，第367页。

等等，这些企图不过是力图保存小资产阶级的经济、地位，一旦达到这些要求就立马停止革命。而无产阶级的利益和任务"却是要不间断地进行革命，直到把一切大大小小的有产阶级的统治全都消灭，直到无产阶级夺得国家政权，直到无产者的联合不仅在一个国家内，而且在世界一切举足轻重的国家内都发展到使这些国家的无产者之间的竞争停止，至少是发展到使那些有决定意义的生产力集中到了无产者手中"①。所以说，无产阶级政党和小资产阶级民主党派在利益和任务方面都是截然不同的。

在利益和任务都不同的情况下，在双方都受封建阶级、资产阶级压迫时，弱者必定会抱团取暖，会有所交集，此时无产阶级政党如何对待小资产阶级，需要根据小资产阶级的"发展阶段"而定。

首先，在小资产阶级民主派处于被压迫地位的现有关系还继续存在的情况下，马克思和恩格斯认为，在这期间小资产阶级一般会向无产阶级宣传团结与和解，力求建立一个包括民主派内各种人物的巨大的反对党，这种联合对小资产阶级是有利的，可对无产阶级来说是有害的，会让工人阶级丧失这来之不易的独立。所以为了无产阶级的利益，无产阶级"对于这种联合应该坚决拒绝"②，工人"不应再度降低自己的地位，去充当资产阶级民主派的随声附和的合唱队，而应该努力设法建立一个秘密的和公开的独立工人政党组织，同那些正式的民主派相抗衡，并且应该使自己的每一个支部都变成工人协会的中心和核心，在这种工人协会中，无产阶级的立场和利

---

① 《马克思恩格斯选集》第一卷，人民出版社1995年版，第368页。
② 《马克思恩格斯选集》第一卷，人民出版社1995年版，第369页。

益问题应该能够进行独立讨论而不受资产阶级影响"①。虽然在小资产阶级民主派受压迫时，无产阶级政党和它具有相同的敌人，但是马克思和恩格斯认为"在反对共同的敌人时，不需要什么特别的联合。一旦必须进行反对共同敌人的直接斗争，两个党派的利益也就会暂时趋于一致，正如历来的情况一样，将来也自然会产生出这种只适合一时需要的联合"②。也就是说，对于处于压迫中的小资产阶级而言，他们必定会向无产阶级抛出"联合"的橄榄枝。这时为了保证无产阶级的独立性，无产阶级的策略最好是不接受，可无产阶级不接受这个橄榄枝并不代表双方就没有联合的可能，毕竟在马克思和恩格斯眼中，在反对共同的敌人时有时双方的利益会趋于一致，就会出现一时的联合，可这种联合并不是"特别的联合"，它只是为斗争需要的合作，并不代表无产阶级接受了小资产阶级的橄榄枝。

其次，在最近的将来会使小资产阶级获得优势的革命斗争中和斗争结束后，无产阶级对小资产阶级的策略又是如何呢？马克思和恩格斯在《告同盟书》中指出："工人在发生冲突时期和斗争刚结束以后，首先必须尽一切可能反对资产阶级制造安静局面的企图，迫使民主派实现他们现在的恐怖言论。工人应该努力设法使直接革命的热潮不致在刚刚胜利后又被压制下去。相反，他们应该使这种热潮尽可能持久地存在下去。工人不仅不应反对所谓过火行为，不应反对人民对可恨的人物或对与可恨的往事有关的官方机构进行报

---

① 《马克思恩格斯选集》第一卷，人民出版社 1995 年版，第 369 页。
② 《马克思恩格斯选集》第一卷，人民出版社 1995 年版，第 369 页。

复的举动,不但应该容忍这种举动,而且应该负责加以领导。"① 即工人在斗争中和斗争结束后,不应该完全听从小资产阶级,不仅其本身要保持住革命的热情,而且要容忍群众的过火革命行为,领导群众进行革命。

具体来说,"在斗争中和斗争后,工人一有机会就应当提出他们本身的要求,以此与资产阶级民主派的要求相抗衡。民主派资产者一准备夺取政权,工人就应当要求他们给工人以各种保证。在必要时,工人应当以强制性手段争得这些保证,并且应当设法使新执政者做出一切可能的让步和承诺,——这是使他们丧失威信的最可靠的手段。总之,工人应该用一切方法尽可能抑制那种随着每次巷战胜利而出现的新形势所引起的陶醉于胜利的情绪,应该镇定清醒地认清形势,对新政府公开表示不信任。同时,工人应该立刻成立自己的革命工人政府,可以采用市镇领导机关即市镇委员会的形式,也可以采用工人俱乐部或工人委员会的形式,以便同正式的新政府相抗衡,这样使得资产阶级民主派的政府不仅立刻失去工人的支持,并且一开始就看到自己处于受全体工人群众拥护的行政机关的监督和威胁之下。总之,从胜利的最初一瞬间起,工人所表示的不信任态度就不再针对已被打倒的反动党派,而是必须针对自己从前的同盟者,即针对那个想要独自从共同的胜利中渔利的党"②。也就是说,马克思和恩格斯认为在斗争中和斗争结束后,无产阶级要以自己的要求反对小资产阶级的要求,始终要求小资产阶级给予自己各

---

① 《马克思恩格斯选集》第一卷,人民出版社 1995 年版,第 370 页。
② 《马克思恩格斯选集》第一卷,人民出版社 1995 年版,第 370 页至第 371 页。

关于小资产阶级问题：从马克思到列宁 >>>

类承诺和让步，且无产阶级要以强制性斗争取得这些保证，总之要时刻保持住对小资产阶级的不信任，在不信任小资产阶级的同时，要努力成立起无产阶级自己的革命工人政府，以便监督和威胁小资产阶级民主派所建立的政府。

那么在这个反对小资产阶级的过程中，无产阶级是否要给自己一些"军事保障"呢？马克思和恩格斯是这样说的："为了坚决而严厉地反对这个从胜利的头一小时起就开始背叛工人的党，工人应该武装起来和组织起来。必须立刻把整个无产阶级用步枪、马枪、大炮和弹药武装起来；必须反对复活过去那种用来对付工人的市民自卫团。在无法做到这一点的地方，工人就应该设法组成由他们自己选出的指挥官和自己选出的总参谋部来指挥的独立的无产阶级近卫军，不听从国家权力机关的调遣，而听从由工人建立的革命的市镇委员会调动。凡是国家出钱雇用工人做工的地方，工人们都应该武装起来，组成由他们自己选出的指挥官指挥的独立军团，或者组成无产阶级近卫军的支队。武器和弹药不得以任何借口交出去；对任何解除工人武装的企图在必要时都应予以武装回击。消除资产阶级民主派对工人的影响，立刻建立起独立和武装的工人组织，造成各种条件，尽量使暂时不可避免的资产阶级民主派统治感到困难和丧失威信。"① 换句话说，马克思和恩格斯认为，无产阶级要想反对小资产阶级党派，就必须将自身武装起来，建立起自己的革命武装力量，这种武装力量不同于以往的市民自卫团，是无产阶级政党为

---

① 《马克思恩格斯选集》第一卷，人民出版社1995年版，第371页。

第三章 无产阶级对待小资产阶级的策略

达到自己的目的而建立的，是无产阶级进行革命的武装力量。另外，马克思和恩格斯提到，在无法组成无产阶级武装力量的地方，就必须要使无产阶级政党掌握到无产阶级近卫军的领导权，不让它的领导权落到国家权力的手中。而且，他们并没有忽略无产阶级政党之外的"工人"，他们认为除了无产阶级政党要建立自己的武装力量之外，对于在工厂做工的那些工人而言，也要保证自己的武装力量，建立自己的独立军团，或者组成无产阶级近卫队的支队，做到与无产阶级政党所建立的武装力量守望相助，从而以党内和党外的武装力量造成小资产阶级民主派的窘境。

前面说到的斗争时期乃至斗争结束后，都属于小资产阶级政府尚未得到巩固前。一旦新政府得到巩固，小资产者立马就开始反对工人的斗争。面对这种情况，无产阶级又该采取什么样的策略呢？马克思和恩格斯指出："新政府只要巩固到一定程度，就会立刻开始反对工人的斗争。为了能够有力地反对民主派小资产者，首先必须使工人通过俱乐部独立地组织起来并集中起来。在推翻现存政府以后，中央委员会一有可能就迁往德国，立刻召开代表大会，审查旨在把各个工人俱乐部集中起来由一个设在主要运动中心的机关来领导的各种必要的提案。至少要在各省范围内迅速把各个工人俱乐部之间的联系建立起来，这是加强和发展工人政党的最重要的措施之一。推翻现存政府以后，立刻就要选举国民代表会议。"[①] 也就是说，为了避免新政府一巩固就反对工人阶级的事情发生，无产阶级

[①] 《马克思恩格斯选集》第一卷，人民出版社1995年版，第372页。

首先要将工人集中组织起来,而且在推翻现存政府以后,就要将中央委员会迁往德国,同各地工人建立紧密的联系,使之得到集中的领导。当然,马克思和恩格斯在这里警示无产阶级在加强工人政党的同时,也不要忘记利用选举的手段来反对小资产阶级民主派。他们认为:"这里无产阶级必须注意以下几点:一、无论如何都不要让地方当局或政府委员用某种诡谲借口把一定数量的工人屏除于选举之外。二、各地都要尽可能从同盟盟员中提出工人候选人来与资产阶级民主派候选人相抗衡,并且要用一切可能的手段使工人候选人当选。甚至在工人毫无当选希望的地方,工人也一定要提出自己的候选人,以保持自己的独立性,估计自己的力量,并公开表明自己的革命立场和自己的党的观点。同时,工人不应听信民主派的空话,例如说这种做法将使民主派陷于分裂而使反动派有可能获得胜利。"也就是说,马克思和恩格斯认为,在建设工人政党的同时,要利用选举同小资产阶级民主党派相抗衡!首先是要使工人参与到选举中去;其次就是要使工人的代表在选举中当选,即使在没有希望当选的地方,工人也要选出自己的候选人,表达自己的立场;最后就是要使工人阶级在选举中坚持这两点,不被小资产阶级所蛊惑。

2. 在具体问题上,坚持原则的前提下视情况采取措施

马克思和恩格斯不仅提出了在不同阶段如何对待小资产阶级的策略,而且在一些具体问题上如何应对小资产阶级的主张,他们也有所论述。比如关于废除封建制度的问题,小资产阶级想要将封建地产分给农民,想要继续保持农村无产阶级并造就一个农民小资产阶级。这种主张明显不符合无产阶级的利益和主张,因此他们认为

无产阶级"一定要反对这种意图。他们必须要求把没收过来的封建地产变为国有财产，变成工人移民区，由联合起来的农村无产阶级利用大规模农业的一切优点来进行耕种"。① 再比如在建国问题上，小资产阶级民主派"直接力求建立联邦共和国"，在无法达到该目标的情况下，小资产阶级也要争取尽量大的独立自主权。面对小资产阶级的这种主张，马克思和恩格斯认为"工人应该反对这种意图，不仅要力求建立统一而不可分割的德意志共和国，而且还要极其坚决地把这个共和国的权力集中在国家政权手中"②。也就是说，马克思和恩格斯认为当小资产阶级为了自己的利益而提出一些不符合无产阶级利益的主张时，无产阶级要坚决予以反对，要坚持公有制的原则，要坚持中央集权制。

当然，小资产阶级民主派提出的主张不会全部背离无产阶级的利益和主张，在某些时候，民主派将取得统治时，他们将不得不提出一些多少带点社会主义性质的措施，而此时无产阶级又该如何应对，马克思和恩格斯是这样认为的，当小资产阶级提出一些带有社会主义性质的主张时，无产阶级要采取以下两方面的措施："1. 迫使民主派尽可能多方面地触动现存的社会制度，干扰现存社会制度的正常进展，使他们自己丧失威信，并尽量把生产力、交通工具、工厂、铁路等由国家集中掌握。2. 工人应当极力将那些肯定不会采取革命手段而只会采取改良手段的民主派所提出的主张加以扩展，

---

① 《马克思恩格斯选集》第一卷，人民出版社1995年版，第372页。
② 《马克思恩格斯选集》第一卷，人民出版社1995年版，第373页。

把这些主张变成对私有制的直接攻击。"① 也就是说，他们认为当小资产阶级取得统治时，无产阶级既不要全盘接受小资产阶级所谓的"社会主义主张"，也不要去"生硬"地反对，而是要讲究策略，让他们自己去触动现存的社会制度，干扰制度的正常进展，使之"搬起石头砸自己的脚"，从而促进国有化的进程。再者，也可以借势而为，借着小资产阶级民主派的主张，将其扩展为反对私有制，例如"假若小资产者主张赎买铁路和工厂，工人就应该要求把这些铁路和工厂作为反动派财产干脆由国家没收，不给任何补偿。假若民主派主张施行比例税，工人就应该要求施行累进税；假若民主派自己提议施行适度的累进税，工人就应该坚持征收比率迅速提高的捐税，从而使大资本走向覆灭；假若民主派要求调整国债，工人就应该要求宣布国家破产。"② 总之，无产阶级在具体问题上，要坚持公有制的原则，尽最大力量反对私有，反对小资产阶级民主派的主张。

（二）19世纪70年代后：为革命联合小资产阶级的策略

随着革命的发展，马克思和恩格斯逐渐认识到小资产阶级的重要性，因此提出主动联合小资产阶级进行革命的策略。

1. 拉拢小资产阶级，使之参与革命

在19世纪50年代，马克思和恩格斯认为在小资产阶级的问题上，不需要"特殊的联合"，为了党的独立性要时刻对小资产阶级保持不信任态度，保证党对小资产阶级的"反对"。但到了70年代，在德国革命的过程中，马克思和恩格斯认识到了，虽然德国无产阶

---

① 《马克思恩格斯选集》第一卷，人民出版社1995年版，第374页。
② 《马克思恩格斯选集》第一卷，人民出版社1995年版，第374页。

级有所发展,把自己的工人和工人代表派入国会里,"但是,就连无产阶级也还没有成长到不能再与1525年相比的状态。完全地和终生地依靠工资过活的阶级,还远没有构成德国人民的多数。因此,它也得依靠同盟者。而同盟者只能在小资产阶级、城市流氓无产阶级、小农和农业短工中间去寻找。关于小资产者,我们已经说过了。他们是极不可靠的;只有当胜利已经取得时他们才在啤酒馆中高呼狂叫。然而,在他们中间,也有一些自动加入工人方面来的优秀的分子"①。也就是说,现实并非是马克思和恩格斯所设想的那种只有两大阶级尖锐对立的社会,在很多国家,包括德国,无产阶级虽然有所成长,但是无产阶级并非人民的多数,所以它需要同盟者,需要向其他阶级借力。因此,尽管马克思和恩格斯看到了小资产阶级的软弱、动摇、落后,认为他们不可靠,但仍然认为小资产阶级之中还有一些优秀分子,同其建立同盟的关系是很有必要的,从而批判了拉萨尔"对工人阶级说来,其他一切阶级只是反动的一帮"的观点。

随着革命的发展,马克思和恩格斯不再将小资产阶级看作是绝对的"对立方",而是将他们看作同盟者,但在联合他们使之参与革命的同时,马克思和恩格斯指出"如果其他阶级出身的这种人参加无产阶级运动,那么首先就要要求他们不要把资产阶级、小资产阶级等的偏见的任何残余带进来,而要无条件地掌握无产阶级世界观"②。可是在当时的德国,那些人满脑子都是小资产阶级的观点,

---

① 《马克思恩格斯选集》第二卷,人民出版社1995年版,第628页。
② 《马克思恩格斯选集》第三卷,人民出版社1995年版,第685页。

这种现象在党外是必然会存在的，而且是合情合理的，因此"我们可以同他们进行谈判，视情况甚至可以结成联盟等"①。但是这种小资产阶级思想只能限于党外，就党内而言，马克思和恩格斯认为"他们是冒牌分子。如果有理由暂时还容忍他们，那么我们就应当仅限于容忍他们，而不要让他们影响党的领导，并且要清楚地知道，和他们分裂只是一个时间问题。而且这个时间看来是已经到了。党怎么能够再容忍这篇文章的作者们留在自己队伍中，这是我们完全不能理解的。但是，既然连党的领导也或多或少地落到了这些人的手中，那党简直就是受了阉割，而不再有无产阶级的锐气了"②。也就是说，马克思和恩格斯认为，即便党外的小资产阶级风气无法避免，但是在联盟的过程中，也要坚决反对小资产阶级思想的入侵，一旦有这种情况发生，就要立马同这些持小资产阶级思想的人决裂，以保证党的纯洁性。

2. 保存、利用小资产阶级的力量

当马克思和恩格斯初步制定联合小资产阶级的策略之后，他们已经将农民看成了"强大的和不可缺少的同盟者"。在 19 世纪 90 年代恩格斯做了如此总结："如果这样继续下去，我们在本世纪末就能夺得社会中等阶层的大部分，小资产阶级和小农，发展成为国内的一个决定力量，其他一切势力不管愿意与否，都得向它低头。我们的主要任务就是不停地促使这种力量增长到超出现政府制度的控制能力，不让这支日益增强的突击队在前哨战中被消灭掉，而是要把

---

① 《马克思恩格斯选集》第三卷，人民出版社 1995 年版，第 685 页。
② 《马克思恩格斯选集》第三卷，人民出版社 1995 年版，第 685 页。

第三章　无产阶级对待小资产阶级的策略

它好好地保存到决战的那一天。"① 为了保存这种力量，无产阶级在很多方面做了很多的让步，比如在废除继承权上面，马克思认为在未废除地产和资本的所有权之前，"宣布废除继承权就不是一个严肃的举动，而是一种愚蠢的威胁，这种威胁会使全体农民和整个小资产阶级围拢在反动派周围"②。也就是说，民主革命过程中，要尽量保存小资产阶级的力量，在很多方面维护他们的利益，从而使得他们不会围绕到反动派周围去。

在保存、利用小资产阶级的过程中，恩格斯将加强小资产阶级分子活动的策略看作是合适的，将党内小资产阶级分子的增多看作是不可避免的。1890年恩格斯就说道："对党来说，小资产阶级党团并不危险，因为在下次选举时可以把它当作破烂废物扔掉，而更危险得多的是傲慢的文学家和大学生集团，这特别是因为他们不能认清最简单的事物，在观察经济的和政治的情况时不能毫无偏见地衡量现实事实的相互关系和斗争着的力量的实际影响；因此他们想强迫党接受那种极其轻率的策略。"③ 也就是说，恩格斯认为在党外的小资产阶级政党并不是危险的，反而是小资产阶级的知识分子更加危险，因为他们总是试图使党接受他们的小资产阶级策略。

就如何对待党内小资产阶级分子的问题而言，1894年恩格斯在给威·李卜克内西的信中也谈到了，他反驳了倍倍尔"党内小资产阶级活动分子的加强不合时宜"观点，认为"其实，在日益壮大的

---

① 《马克思恩格斯选集》第四卷，人民出版社1995年版，第523页。
② 《马克思恩格斯全集》第二十二卷，人民出版社2003年版，第609页。
③ 《马克思恩格斯全集》第二十二卷，人民出版社2003年版，第98页至第99页。

工人政党内，小资产阶级分子的增多是不可避免的，并没有什么了不起。这就像'学士'、考试不及格的大学生等的增多一样。他们在几年前还是一种危险。现在我们能够消化他们。但是消化总得有个过程。为此就需要加盐酸；如果盐酸不够（像法兰克福所表明的那样），那么现在应该感谢倍倍尔，他为了使我们能够很好地消化这些非无产阶级分子而加了盐酸"①。在这里也能够看到，和19世纪50年代相比，这时候的马克思和恩格斯已经不再排斥小资产阶级分子入党了，认为19世纪90年代的党已经强大到可以吸收、转化小资产阶级了。

3. 坚持无产阶级的领导权，反对党内小资产阶级思想的侵袭

尽管19世纪70年代后，无产阶级不再反对小资产阶级，但是对于威胁到自己领导地位的小资产阶级思想和愿望，无产阶级还是不能容忍的。恩格斯在给奥·倍倍尔的信中说过："小资产者和农民的大批涌入的确证明，运动有了极大的成就，但是同时这对运动也是危险的，只要人们忘记，这些人是被迫而来的，他们来，仅仅是因为迫不得已。他们的加入表明，无产阶级已经确实成为领导阶级。但是，既然他们是带着小资产阶级和农民的思想和愿望来的，那就不能忘记，无产阶级如果向这些思想和愿望做出让步，它就会丧失自己的历史的领导使命。"② 换句话说，尽管小资产阶级的加入会增强无产阶级的力量，可同时他们的加入还可能带来危险，他们所带来的小资产阶级的思想和愿望会动摇无产阶级的领导，所以我们不

---

① 《马克思恩格斯选集》第四卷，人民出版社1995年版，第740页。
② 《马克思恩格斯全集》第三十四卷，人民出版社2008年版，第404页。

能对小资产阶级思想和愿望做出让步。

同年,马克思在给某人的信中再次提到:"当进入党内的小资产阶级分子已经公开表明态度的时候,情况就不同了。只要还允许他们把自己的小资产阶级观点一点一点地偷运到德国党的机关报中来,对我们来说,这个机关报就等于根本不存在。"① 也就是说,在党外的小资产阶级思想是无法避免的,但若进入党内的小资产阶级分子将自己的观点带入党内,就需要将党内承载小资产阶级观点的载体放弃掉,以此做到与小资产阶级思想绝缘。

二、列宁论对待小资产阶级的策略

列宁在继承马克思和恩格斯对待小资产阶级策略的基础上,结合俄国具体国情,对小资产阶级采取了符合国情的策略。

(一)民主革命时期的策略

在民主革命时期,列宁结合俄国的特殊国情对俄国的小资产阶级做了特殊的对待,采取了符合国情的小资产阶级策略。

1. 正确对待小资产阶级理论

马克思和恩格斯很早就批驳了小资产阶级思想,列宁也一再申明:"我是说必须同小市民的社会主义思想决裂。我们分析过的这种小资产阶级理论是反动的,因为它是作为社会主义理论而出现的。"② 对于这种披着社会主义理论外衣出现的小资产阶级理论,列宁也是无法容忍的,认为对于这种"丝毫没有社会主义气味"的小

---

① 《马克思恩格斯全集》第三十四卷,人民出版社 2008 年版,第 406 页至第 407 页。
② 《列宁全集》第一卷,人民出版社 1984 年版,第 252 页。

资产阶级理论而言,"根本没有说明劳动者受剥削的原因,因而绝对不能有助于劳动者的解放,其实所有这些理论都是反映和拥护小资产阶级利益的"①。列宁接着指出,明白了这一点还不够,还必须要注意到小资产阶级的两重性,一方面"它是进步的,因为它提出一般民主主义的要求,就是说,它反对中世纪时代和农奴制度的一切残余"②;另一方面,"它是反动的,因为它极力保存自己的小资产阶级地位,力图阻止和扭转国家朝着资本主义方向的发展"③,因此"必须把小资产阶级纲领的这两个方面严格区别开,所以在否定这些理论具有任何社会主义性质时,在反对它们的反动方面时,不应当忘记这些理论的民主主义部分"④。也就是说,在俄国特殊的国情下,既要坚决反对小资产阶级的社会主义思想,也要看到民主革命中小资产阶级思想的民主性,看到小资产阶级的诉求利益和无产阶级阶段性目标的同一性。

在论述民粹派的这种小资产阶级思想时,列宁也指出了民粹派思想的双重性:"一方面,民粹派并不否认,在我国生活中还存在着大量起源于采邑时代的'劳动组织'的残余,这种劳动组织同现代经济结构,同国家整个经济和文化发展存在着极大的矛盾。另一方面,民粹派不能不看到,这个经济结构和这种发展有毁灭小生产者的危险,所以,为这位维护自己'理想'的保卫者的命运担心的民

---

① 《列宁全集》第一卷,人民出版社 1984 年版,第 252 页。
② 《列宁全集》第一卷,人民出版社 1984 年版,第 253 页。
③ 《列宁全集》第一卷,人民出版社 1984 年版,第 253 页。
④ 《列宁全集》第一卷,人民出版社 1984 年版,第 253 页。

<<< 第三章　无产阶级对待小资产阶级的策略

粹派，就极力设法拖住历史，阻止发展，苦苦哀求'禁止'发展，'不准'发展，并且以'劳动组织'这种不能不令人苦笑的词句，来掩饰这种可怜而又反动的哀告。"① 也就是说，虽然要看到小资产阶级的两面性，但对于他们落后于社会发展要求的思想，并不是无产阶级该"继承"的部分，并不能满足当前无产阶级斗争的要求。

所以面对小资产阶级思想的两重性，无产阶级就不得不弄清楚社会主义和民主主义的关联，就不得不在经济和政治斗争上有所区分。列宁在批判民粹主义和经济浪漫主义之后说："我们已经指明社会主义的与民主主义的宣传和鼓动有不可分割的联系，指明革命工作在这两方面是完全并行的。然而这两种活动和斗争也有重大的差别。这个差别就是，在经济斗争中，无产阶级完全是孤立的，要同时反对地主—贵族和资产阶级，至多也只能得到（而且也远远不是时常都能得到）小资产阶级中间那些趋向于无产阶级的分子的帮助。而在民主主义的政治斗争中，俄国工人阶级却不是孤立的；所有一切持反政府态度的分子、阶层和阶级，都是与它站在一起的，因为他们也仇视专制制度，并用这种或那种形式进行反对专制制度的斗争。在这里与无产阶级站在一起的，还有资产阶级、有教养的阶级、小资产阶级以及受专制制度迫害的民族或宗教和教派等的持反政府态度的分子。"② 也就是说，在俄国特殊的国情下，民主主义和社会主义是完全并行的，社会主义和民主主义有着极大的关联，由于小资产阶级有民主主义的要求，在政治斗争上小资产阶级和无产阶级

---

① 《列宁全集》第二卷，人民出版社1984年版，第329页。
② 《列宁全集》第二卷，人民出版社1984年版，第433页至第434页。

是站在一边的，无产阶级属于小资产阶级的联盟者；而在经济斗争方面，无产阶级却是没有同路人的，偶尔会有小资产阶级的少数施以援手。总之列宁认为，要从小资产阶级的两重性之间看到它是否能在某些方面和无产阶级同路，以此来决定对策。

除了从小资产阶级的具体理论中找到无产阶级该对此做何种对策外，还要认识到"小资产阶级的思想体系：腐蚀无产阶级的阶级意识，使无产阶级不能对资产阶级民主派采取独立的立场（因为社会革命党人力图把社会民主派同资产阶级民主派合而为一，混为一谈，他们实质上是资产阶级民主派的旁系）"[①]。也就是说，无产阶级既要从该理论中看到小资产阶级的两重性，看到小资产阶级的可利用性，也要从整个小资产阶级的思想体系中看到其反动性，防止小资产阶级的不良影响。

2. 支持小资产阶级的民主主义要求

在区分政治和经济斗争中是否能跟小资产阶级"同路"之后，虽然列宁反对小资产阶级的小私有制要求，但对于小资产阶级反专制反封建的民主主义，他认为这种要求理应被无产阶级所支持。列宁在1899年底的《我们党的纲领草案》中说："俄国社会民主党人即使坚决反对保护或支持资本主义社会中的小私有制或小经济（如笔者），也就是说，即使他（如笔者）在土地问题上同现在常被资产者和机会主义者骂作'教条主义者'和'正统派'的马克思主义者站在一边，也可以而且应当主张（这样做丝毫不违背自己的信念，

[①] 《列宁全集》第七卷，人民出版社1986年版，第201页。

相反地，正是出于自己的信念）工人政党在自己的旗帜上写明支持农民（绝不是把农民当作小私有者阶级或小有产者阶级），因为农民能够同农奴制残余、特别是同专制制度进行革命斗争。"[1] 在封建制的俄国进行民主革命的过程中，无产阶级在坚决反对小资产阶级小经济的前提下，还是要将"支持农民"写在工人政党的旗帜上，支持的农民并非是倡导小私有制的小私有者，而是同农奴制残余、同专制制度做斗争的小资产阶级。也就是说，在列宁看来"支持大资产阶级的自由主义要求并不等于支持大资产阶级，那么支持小资产阶级的民主主义要求也决不等于支持小资产阶级"[2]。无产阶级政党只有支持农民，才能做争取民主的先进战士。

无产阶级要怎样支持和帮助破产的农民呢？列宁认为，要想帮助他们，就必须"丢掉幻想，正视现实，现实正在粉碎关于劳动经济（或者是'人民生产'）的模糊的幻想，向我们表明农民经济的小资产阶级结构。我国也同各国一样，要发展和巩固小的劳动经济，只有把它转变为小资产阶级经济才有可能"[3]。这表示，在列宁眼中，正视农民的小资产阶级性是我们帮助农民的第一步，这一步非走不可。但在革命农民争取土地的过程中，无产阶级要谨记"当前的革命是资产阶级革命"，这个革命只是在为资本主义更加广泛而迅速的发展清扫基地，并不是"劳动原则"的胜利，并不是"社会化"的过渡。

---

[1] 《列宁全集》第四卷，人民出版社1986年版，第197页。
[2] 《列宁全集》第四卷，人民出版社1986年版，第198页。
[3] 《列宁全集》第七卷，人民出版社1986年版，第92页。

3. 教育、制止小资产阶级的动摇

在革命中，消极的小资产阶级不免会背叛无产阶级，不免会显现出自己的软弱性。列宁对小资产阶级的软弱动摇，提出了对策。他说："甚至在漫长的（在最坏的情况下）岁月里，或者在几十年的反动时期内，我们都要利用博物馆中的这个位置，利用它来教育无产阶级仇视背叛的十月党——立宪民主党资产阶级，教育无产阶级鄙视知识分子的空谈和小资产阶级的软弱。"① 在《社会民主党和杜马选举》中，列宁再次强调教育的作用，认为"无产阶级除了提高群众的阶级意识加强群众的团结、用政治发展的经验教育群众以外，没有而且也不可能有别的办法来制止小资产阶级的动摇"②。最后，列宁在《论拥护召回主义和造神说的派别》中也谈到，"当工人政党发展得特别迅速的时候（如1905—1906年我国的情形），大批满脑子小资产阶级思想的分子进入工人政党是不可避免的。这并不是什么坏事。无产阶级的历史任务就是要使旧社会给无产阶级留下的所有小资产阶级出身的人得到再锻炼、再教育和再改造。但是要做到这一点就需要使无产阶级去再改造这种出身的人，就需要无产阶级去影响他们，而不是让他们来影响无产阶级"③。也就是说，随着革命的发展，列宁不再一味地反对、排斥小资产阶级，反而提出用教育改造小资产阶级，用无产阶级的影响来引导小资产阶级的策略。

---

① 《列宁全集》第十四卷，人民出版社1988年版，第239页。
② 《列宁全集》第十四卷，人民出版社1988年版，第267页。
③ 《列宁全集》第十九卷，人民出版社1989年版，第106页。

接着,在《彼得堡工人政党的选举运动》中,列宁再次提出了另一条应对策略,他说:"对我们重要的是无产阶级的基本的、在各种局部的可能的情况下始终不变的政策,即我们明确地分析事变的进程所提出的杜马外的斗争任务,以对抗和平斗争和立宪把戏这种虚假的幻想。我们对城乡劳动人民的小资产阶级阶层说,只有一种手段能够制止小业主的不稳定性和动摇性。这种手段就是革命无产阶级的独立的阶级政党。"① 即,建立无产阶级独立的阶级政党,坚持基本的政策不改变,这样才能制止小资产阶级的不稳定性和动摇性。

另外,除了教育小资产阶级,建立独立的无产阶级政党,以防他们动摇之外,列宁在选举中也要求强迫小资产阶级进行选择,必要时还要同他们达成协议。他说,社会民主党必须要"举起自己的革命旗帜;迫使动摇的小资产阶级在我们和立宪民主党之间进行选择;在采取决定性行动的时刻,有时不要拒绝同那些拥护我们而反对黑帮和立宪民主党的小资产阶级民主派达成局部性协议"②。

关于无产阶级如何面对小资产阶级的动摇,列宁不仅想办法教育、制止小资产阶级,甚至还提议在选举中对他们采取强迫、协商的方式。除此之外,他还旗帜鲜明地指出,"我们的决定不以小资产阶级的动摇为转移,如果小资产阶级愿意响应我们的号召,跟随无产阶级反对自由派,那对它就再好没有了;如果它不愿意这样做,

---

① 《列宁全集》第十四卷,人民出版社1988年版,第247页。
② 《列宁全集》第十四卷,人民出版社1988年版,第412页。

那对它只有更坏，而我们是无论如何要走社会民主主义的道路的"①。这种不受无产阶级影响、保持独立的态度，也是无产阶级对待软弱、动摇的小资产阶级该有的态度和策略之一。

4. 保持联盟，划清界限

面对孟什维克加强同小资产阶级联盟的局面，列宁直截了当地表示，无产阶级"决不应该拒绝革命联盟，拒绝由小资产阶级支持社会党人去反对立宪民主党"②，坚定无产阶级和小资产阶级的联盟，并且将此上升为无产阶级在资产阶级革命中的任务。在1907年2月，他第一次将联合小资产阶级当作无产阶级的任务，"通过自己的独立的、坚定的和不屈不挠的行动把被压迫被奴役的农民群众，把动摇不定的、反复无常的和意志薄弱的小资产阶级民主派群众吸引到自己方面来，使他们同背叛的自由派资产阶级断绝关系，从而钳制这个资产阶级，领导人民的群众运动去推翻万恶的专制制度，——这就是社会主义无产阶级在资产阶级革命中的任务"③。同月，在《彼得堡选举的总结》中，他再次表示，"我们始终要号召小资产者离开自由派的庇护而转到无产阶级方面来。这是在资产阶级革命中唯一革命的无产阶级策略，采取这种策略，只要群众性政治斗争一活跃，我们就能取胜"④。他于3月在《在彼得堡组织代表会议上关于杜马运动和杜马策略问题的报告》中，又再次强调："无

---

① 《列宁全集》第十四卷，人民出版社1988年版，第297页。
② 《列宁全集》第十四卷，人民出版社1988年版，第320页。
③ 《列宁全集》第十四卷，人民出版社1988年版，第372页。
④ 《列宁全集》第十四卷，人民出版社1988年版，第396页。

产阶级,作为民主革命的领袖,它的任务是提高群众的革命觉悟,坚定他们的决心,加强他们的组织性,把小资产阶级从自由派的领导下夺取过来。"①同年,他还做过很多类似的论述,将无产阶级在资产阶级革命中的基本策略准确概括为:"领导民主派小资产阶级特别是农民小资产阶级,使他们脱离自由派,麻痹自由派资产阶级的不稳定性,开展以完全消灭包括地主土地占有制在内的一切农奴制残余为目的的群众斗争。"②他甚至在《杜马选举和俄国社会民主党的策略》中断言,"俄国革命按社会经济内容来说是资产阶级革命,但是革命的动力却不是自由派资产阶级,而是无产阶级和民主派农民。只有通过无产阶级和农民的革命民主专政,革命才能赢得胜利"③。(可之后,列宁又否认了"无产阶级和农民的革命民主专政",这在之后会有所提及。)

在联合小资产阶级的过程中,列宁也说,"我们丝毫不会牺牲自己的社会民主党鼓动工作在思想上的充分独立性,丝毫不会放弃自己的社会主义的目的和对这些目的做充分的阐述,一分钟也不停止揭露小资产阶级的一切动摇和叛变行为"④,要始终保持思想的独立性,坚持社会主义的方向和原则,时刻揭露小资产阶级的动摇及叛变。

列宁认为在投票选举时就更是要如此(划分界限),对于无产阶

---

① 《列宁全集》第十四卷,人民出版社1988年版,第411页。
② 《列宁全集》第十五卷,人民出版社1988年版,第53页。
③ 《列宁全集》第十五卷,人民出版社1988年版,第83页。
④ 《列宁全集》第十四卷,人民出版社1988年版,第321页。

级而言,"要紧的却是要让群众自己认清社会民主党的学说和策略同一切小资产阶级政党(即使它们自称是革命的、社会主义的政党)的区别。因此我们必须搞到有关圣彼得堡工人选民团投票和选举的精确而充分的统计资料"①。也就是说,在选举时,无产阶级政党要收集好投票和选举的统计资料,向群众阐明自己与小资产阶级政党的区别,从而在群众间、政党间明确出双方界限。在《第二届国家杜马的开幕》中,列宁再次强调:"我们应当同小资产阶级的各阶层划清界限,但这不是为了使自己陷于一种仿佛很光荣的孤立(这样做实际上是帮助自由派资产者,做他们的尾巴),而是为了毫不动摇、毫不含糊地领导民主派农民前进"②,这种为了保持党的领导地位的划界,是列宁所倡导的。

列宁认为始终要在社会民主党和小资产阶级政党间划出一条明确的界限。列宁在《俄国社会民主工党第五次代表大会文献》中是这样论述的,他说:"农民和农民民主派政党的动摇是不可避免的。因此,社会民主党一点也不要为难,不要怕同这种动摇划清界限。每当劳动派表现出畏缩和追随自由派的时候,我们都应该毫无顾忌地、十分坚决地反对劳动派,揭露和谴责他们的小资产阶级动摇性和软弱性。"③ 了解小资产阶级党派的经济基础和阶级基础,蔑视小资产阶级的软弱性和动摇性,与之划清界限,是社会民主党派坚定自己道路所必须要做到的一点。

---

① 《列宁全集》第十四卷,人民出版社1988年版,第352页。
② 《列宁全集》第十五卷,人民出版社1988年版,第20页。
③ 《列宁全集》第十五卷,人民出版社1988年版,第338页。

<<< 第三章　无产阶级对待小资产阶级的策略

不仅要在两党间划清界限，就社会民主党和小资产阶级群众的关系而言，列宁也提出了要划清界限。他说："既然社会革命党、劳动派和人民社会党实际上在追随立宪民主党（这是过去和现在常有的事，从投票选举戈洛文起，直至采取死一般沉默的著名策略等），社会民主党就必须同小资产阶级群众隔绝。因为二者必居其一：或者小资产阶级群众的摇摆反映小资产者的动摇本性，表明革命的发展很艰难，但并不意味着革命已经结束和革命力量已经耗尽（这是我们的看法）。这时，社会民主主义的无产阶级把自己同小资产阶级群众的任何动摇隔绝开来，也就是教育这些小资产阶级群众走向斗争，帮助他们做好斗争的准备，提高他们的觉悟，加强他们的决心和坚定性等。或者小资产阶级群众的动摇意味着当前的资产阶级革命完全结束（我们认为这种观点是不对的，虽然社会民主党中的极右分子倾向于这一观点，但没有一个社会民主党人直接而公开地维护这种观点，这是毫无疑问的）。这时，社会民主主义的无产阶级也必须把自己同小资产阶级的动摇（或叛变行为）隔绝开来，以便培养工人群众的阶级意识，帮助他们做好更有计划、更加坚定和更加坚决地参加下一次革命的准备。"[1] 也就是说，将社会民主党和小资产阶级隔绝开来，是为了教育、引导小资产阶级群众走向坚定斗争的道路，使他们清楚地认识自己，认识自己将要走上的道路。

总之，在和小资产阶级联盟的阶段列宁认为，"我们号召大家坚决反对掩盖小业主和无产者之间的阶级矛盾。我们号召大家揭露小

---

[1] 《列宁全集》第十五卷，人民出版社1988年版，第295页。

资产者的迷雾般的社会主义思想。在谈到小资产阶级政党的时候，一定要指出这几点。但是必须指出的也就是这几点"①。也就是说，在联盟的过程中，要指出无产阶级和小资产阶级的阶级矛盾，要揭示、批判小资产阶级政党的"假社会主义性质"，要摒弃落后、反动的小资产阶级社会主义思想。以无产阶级的观点（对新兴的资本主义社会中反对土地私有制这一斗争的真实根源的看法）来代替小资产者的观点（关于平均制、正义等抽象观念）。

5. 逐渐清除党内小资产阶级及其思想，拒绝和小资产阶级思想"统一"

虽然在 1907 年，列宁提出俄国的无产阶级和民主派农民是革命的动力，提出了"只有通过无产阶级和农民的革命民主专政，革命才能赢得胜利"②的观点，但他始终将农民和无产者看作是两个不同的阶级。在 1909 年 1 月 7 日的《社会革命党人怎样总结革命，革命又怎样给社会革命党人作了总结》中，列宁说："社会民主党人肯定无产阶级和农民是资本主义（或者半农奴制、半资本主义）社会两个不同的阶级；肯定农民是小业主阶级，它能够在资产阶级革命中同无产者站'在街垒的一边'，'合击'地主和专制制度，能够在这种革命中，在这种或那种情况下同无产者结成'联盟'，但它仍然是资本主义社会中同无产者完全不同的阶级。"③显然，列宁在革命中将阶级间的界限划得十分清楚。

---

① 《列宁全集》第十五卷，人民出版社 1988 年版，第 348 页。
② 《列宁全集》第十五卷，人民出版社 1988 年版，第 83 页。
③ 《列宁全集》第十七卷，人民出版社 1988 年版，第 315 页。

第三章　无产阶级对待小资产阶级的策略

在这种划界明确的前提下，只要小资产阶级不能坚持革命，无产阶级就要立马摆脱他们，"走上大路"。在1909年1月28日，列宁说过，"脱党也就等于清党，等于摆脱最不坚定的人，不可靠的朋友，摆脱'同路人'，这些人都是从小资产阶级或者从'没有固定阶级特性的'人们，即脱离某一阶级轨道的人们中间来的，他们始终是暂时投靠无产阶级的"①，这种小资产阶级的同路人只是暂时脱离自己的轨道，投靠到无产阶级来的，他们在反动时期是要脱离无产阶级的。

事实上，虽然小资产阶级在革命时期加入了工人阶级的运动，可在1909年间，因为他们的动摇，"现在则在党的一翼形成了孟什维克取消派，在另一翼形成了召回派——最后通牒派。因此在这两翼进行斗争，是捍卫革命的社会民主党的正确策略和建设党的必要任务"②。这说明为了捍卫革命的社会民主党的策略，和小资产阶级的动摇性进行斗争是十分重要的，摆脱"同路人"有时也是十分必要的。但是在这个过程中，列宁并非绝对地放弃和小资产阶级的联盟，在1911年，谈到选举运动的几个原则问题时说"'迫使'国内人数最多的民主群众（农民以及和农民相近的非农业小资产阶级阶层）'在立宪民主党人和马克思主义者之间进行选择'，采取工人和农民民主派'共同行动'以反对旧制度和反对摇摆不定的反革命自由派资产阶级的路线，这就是'左派联盟'策略的基础和实质。"③

---

① 《列宁全集》第十七卷，人民出版社1988年版，第337页。
② 《列宁全集》第十九卷，人民出版社1989年版，第142页。
③ 《列宁全集》第二十一卷，人民出版社1990年版，第117页。

无产阶级要放弃的不是和小资产阶级的联盟，而是放弃了小资产阶级右派（同部分小资产阶级决裂），无产阶级要联合的只有农民民主派，只是允许部分的小资产阶级同无产阶级一道走这条革命道路。

可到了1912年，考虑到社会民主党的命运问题，列宁不再停留在清除部分的小资产阶级分子上，而是明确地指出，"当然，每个马克思主义者都很清楚，无论是取消派，还是召回派，都是把社会民主党的资产阶级同路人吸引过去的小资产阶级流派。同这些流派'和睦'或'和解'，早就不可能了。社会民主党或是自行灭亡，或是完全摆脱这些流派"①，即为了社会民主党的存亡，无产阶级不得不完全摆脱这些流派，走自己的道路。为此就需要将那些"自由派知识分子和小资产阶级民粹派的非阶级的空话"全部扫除。所以，假如在这个时期，"要把雇佣工人的无产阶级组织同小资产阶级的农民民主派统一起来，就是最严重地违背这一伟大的马克思主义口号"②，革命的实践证明，"实行这种统一的尝试会给工人运动带来极大的害处，并且总是要以迅速失败而告终"③。因为列宁明白，"把雇佣工人的阶级先进分子和必然会摇摆不定的小资产阶级农民'合并'到一个党内的企图，会造成多么大的危害。"④

小资产阶级在危机时代，能够大批地转向无产阶级（关键是社会民主党要坚定不移，始终如一，毫不妥协），这是列宁一直坚信的

---

① 《列宁全集》第二十一卷，人民出版社1990年版，第210页。
② 《列宁全集》第二十三卷，人民出版社1990年版，第437页。
③ 《列宁全集》第二十三卷，人民出版社1990年版，第437页。
④ 《列宁全集》第二十四卷，人民出版社1988年版，第16页。

观点。但在1914年,列宁也得到了这样一个无法争辩的结论,"在那些足以妨碍为争取社会主义革命而斗争的小资产阶级分子大量涌入无产阶级政党的时候,同这些分子讲统一,对于无产阶级的事业是有害的和极其危险的"①。他明确地说过:"只要资本主义存在,无产阶级总是要同小资产阶级做邻居的。拒绝在有的时候同小资产阶级结成暂时的联盟是不明智的,但是,在目前,只有无产阶级的敌人或者被愚弄的墨守旧时代成规的人才会维护同小资产阶级的统一,同机会主义者的统一。"② 也就是说,列宁相信某些情况下,无产阶级和小资产阶级结成联盟是必要的,但在当时的情况下,坚持同小资产阶级联盟是愚蠢的、错误的,必须要在党内放弃和小资产阶级的统一,"必须清楚地认识到这种分离是不可避免的,而工人政党的全部政策必须以此作为出发点"③。

正因为当时列宁既明白"我国的总的形势不容许'社会党的'机会主义在工人群众中盛行"④的现实,又看清了这样的事实——"在俄国,革命社会民主主义无产阶级分子同小资产阶级机会主义分子的彻底分裂,是由工人运动的全部历史准备好了的"⑤。所以他坚定地要走上(在党内)和小资产阶级分裂的道路。需要注意的是,列宁并不是要放弃小资产阶级群众,他很了解"真正民主的政治改革,尤其是政治革命,无论何时,无论在何种情形和何种条件下,

---

① 《列宁全集》第二十六卷,人民出版社1988年版,第115页。
② 《列宁全集》第二十六卷,人民出版社1988年版,第117页。
③ 《列宁全集》第二十六卷,人民出版社1988年版,第267页。
④ 《列宁全集》第二十六卷,人民出版社1988年版,第344页。
⑤ 《列宁全集》第二十六卷,人民出版社1988年版,第275页。

都不会模糊或削弱社会主义革命口号。相反，它们总是在促使社会主义革命早日到来，为它扩展基础，吸引更多的小资产阶级和半无产阶级群众参加社会主义斗争"①。他要的决裂，只是为了加强社会主义革命的口号，为了吸引更多的小资产阶级群众参与到革命中来。换句话说，要完成第一个任务（俄国的资产阶级民主革命），无产阶级的合作者是俄国的小资产阶级农民，所以，"无产阶级如果容许自己的党像小资产阶级那样动摇，那就会削弱自己。无产阶级只有毫不动摇地朝着自己的伟大目标前进，并推动小资产阶级前进——当小资产阶级向右摇摆时就让它从自己的错误中吸取教训，当实际生活迫使它向左转时就利用它的一切力量去进攻，只有这样，无产阶级才能完成自己的任务"②，只有无产阶级坚持自己的独立性，合理利用小资产阶级（决裂时吸取教训，联合时用它进攻），才能完成自己的任务。

那要怎样清除掉小资产阶级分子及其思想呢？列宁是这样说的："无产阶级的阶级运动只有经过先进工人、所有觉悟工人自己的长期斗争和艰苦工作，才能去掉小资产阶级的各式各样的杂质、局限性、狭隘性和各种病态，从而巩固起来。"③ 也就是说，要想清除小资产阶级的杂质，就需要无产阶级自身的长期艰苦奋斗，需要"不断地加强俄国各民族工人的团结，为此我们的报纸还应当创办有关俄国

---

① 《列宁全集》第二十六卷，人民出版社1988年版，第365页。
② 《列宁全集》第二十七卷，人民出版社1990年版，第33页。
③ 《列宁全集》第二十五卷，人民出版社1988年版，第106页。

各民族工人运动的附刊"①，以报刊等形式来宣传与小市民的民粹主义不同的马克思主义。在现实中，还"必须把自己的'展望'、希望和口号同这种实际情景结合起来，而不是把它们同知识分子和各种小团体的创立者的善良愿望结合起来"，将马克思主义同俄国具体现实结合起来，而不是将马克思主义"嫁接"到小资产阶级思想上。除了我们的思想宣传，还要考虑经济、财政、军事、政治等方面的许多客观因素。

面对无产阶级路线和小资产阶级狂热情绪的交织，无产阶级政党到底该如何将其路线从此中脱离出来呢？列宁是这样计划的："为了把无产阶级的路线从'群众的'护国主义的和小资产阶级的狂热中解脱出来，宣传员的工作不正好是目前的中心工作吗？把无产阶级群众和非无产阶级群众搅在一起，不分析群众内部的阶级差别，这正是护国主义得以流行的条件之一。轻蔑地谈论无产阶级路线的'宣传员的小团体'，恐怕不太妥当吧。"② 也就是说，要想摆脱小资产阶级对无产阶级路线的影响，就要将无产阶级群众和非无产阶级区分，分析出群众内部的阶级差别，在这个基础上发挥"宣传工作"的作用。

总之，"革命的社会民主党从来没有放弃对社会革命党人的小资产阶级幻想进行批评，除非为了反对立宪民主党人，从来没有同他们结成联盟；革命的社会民主党总是争取使农民摆脱立宪民主党人的影响，不是以自由派那种对资本主义的容忍，而是以革命无产阶

---

① 《列宁全集》第二十五卷，人民出版社1988年版，第109页。
② 《列宁全集》第二十九卷，人民出版社1985年版，第148页至149页。

级的社会主义道路来对抗小市民空想的社会主义观点。"① 也就是说，在资产阶级革命期间，我们为了反对立宪民主党人同小资产阶级结过联盟，但无产阶级政党始终都是反对小资产阶级幻想的，始终要以无产阶级的不动摇的社会主义道路来与之相对抗，将农民吸引过来。

6. 争取小资产阶级群众

虽然列宁拒绝和小资产阶级的"统一"，但那是侧重于党内和党派之间的。在俄国的资产阶级革命中，无产阶级的合作者是小资产阶级农民，这是不能否认的。所以无产阶级的政党必须同机会主义等思潮做斗争，"把受资产阶级愚弄的小业主和程度不同地处在小资产阶级生活条件下的千百万劳动者从资产阶级那里争取过来"②。而且，争取群众还有助于和平地消除小资产阶级同资产阶级妥协的幻想，正如列宁说的，"我们丝毫不能忽视，只有苏维埃内部的各个政党同群众的这种最密切的、可以自由地扩展和深入的联系，才有助于和平地消除小资产阶级同资产阶级妥协的幻想"③。为此，列宁表示，为了争取小资产阶级群众，就必须要"加强社会民主党在工人阶级、小资产阶级贫苦阶层或职员的一切团体中的工作，在所有这些团体内建立社会民主党人的专门的小组，不断地进行准备工作，使革命的社会民主党在所有这些团体中取得多数地位和领导地

---

① 《列宁全集》第三十二卷，人民出版社1985年版，第107页。
② 《列宁全集》第二十七卷，人民出版社1990年版，第329页。
③ 《列宁全集》第三十二卷，人民出版社1985年版，第7页。

位"①，要加强无产阶级政党在各阶级间的工作，从而使得无产阶级政党能够牢牢占据领导地位，能够带领小资产阶级群众进行革命。

列宁深知，在争取社会主义的经济斗争中，无产阶级只能孤军奋战，偶尔能得到小资产阶级中间那些趋向于无产阶级的分子的帮助。可是，"在民主主义的政治斗争中，俄国工人阶级却不是孤立的……在这里与无产阶级站在一起的，还有资产阶级、有教养的阶级、小资产阶级以及受专制制度迫害的民族或宗教和教派等的持反政府态度的分子"②。1897年，列宁在《俄国社会民主主义者的任务》中就说过，"努力唤醒我国小资产阶级，小商人和小手工业者等这一阶级的政治自觉，就会带来不少的好处"③，随着革命的发展，列宁提出"到居民的一切阶级中去"④，到"一切人民阶层中间进行宣传鼓动"⑤，使社会民主党人成为"人民的代言人……他们要善于利用一切琐碎的小事来向大家说明自己的社会主义信念和自己的民主主义要求，向大家解释无产阶级解放斗争的世界历史意义"⑥，以此来团结一切追求"民主"的群众。对于这些在民主主义的政治斗争中和无产阶级站在一边的人（包括小资产阶级）所提出的民主要求，列宁自然也是赞成的、支持的。即便农民也同任何小生产者一样，是属于小资产者范畴的，可为了民主主义的政治斗争，工人政

---

① 《列宁全集》第二十八卷，人民出版社1991年版，第211页。
② 《列宁全集》第二卷，人民出版社1984年版，第433页至第434页。
③ 《列宁选集》第一卷，人民出版社1972年版，第111页。
④ 《列宁选集》第一卷，人民出版社1972年版，第293页。
⑤ 《列宁选集》第一卷，人民出版社1972年版，第296页。
⑥ 《列宁选集》第一卷，人民出版社1972年版，第294页。

党还是要在自己的旗帜上写明支持农民,"因为农民能够同农奴制残余、特别是同专制制度进行革命斗争"①。总之,十月革命期间,整个农民阶层都是无产阶级的联盟者,列宁对其不仅不剥夺、不调整、不监督,而且还尽力为全体农民争取众多"改善"。

除了教育、说服小资产阶级群众,以防他们动摇之外,列宁在选举中也要求小资产阶级进行选择,必要时还要同他们达成协议。他说,社会民主党必须要"举起自己的革命旗帜;迫使动摇的小资产阶级在我们和立宪民主党之间进行选择;在采取决定性行动的时刻,有时不要拒绝同那些拥护我们而反对黑帮和立宪民主党的小资产阶级民主派达成局部性协议"。②

就无产阶级而言如何面对小资产阶级的动摇,列宁不仅想办法教育、制止他们,甚至还提议在选举中采取强迫、协商的方式,除此之外,他还旗帜鲜明地表示过,"我们的决定不以小资产阶级的动摇为转移,如果小资产阶级愿意响应我们的号召,跟随无产阶级反对自由派,那对它就再好没有了;如果它不愿意这样做,那对它只有更坏,而我们是无论如何要走社会民主主义的道路的"。这种不受小资产阶级影响、保持独立的态度,也是无产阶级在革命中对待软弱、动摇的小资产阶级该有的态度和策略之一。

另外和小资产阶级政党争取群众时,要站在小资产阶级群众的切身利益上。列宁表示,"大家知道,小资产阶级护国主义政党主张把土地问题拖到立宪会议召开的时候去解决。我们则主张尽量有组

---

① 《列宁全集》第四卷,人民出版社1986年版,第197页。
② 《列宁全集》第十四卷,人民出版社1988年版,第412页。

织地立即把土地交给农民。我们绝对反对无政府主义地夺取土地。你们建议农民跟地主协商。我们说，必须马上把土地拿过来并进行播种，以便同粮荒做斗争，使国家免遭飞速逼近的崩溃"①，当小资产阶级政党要求以议会形式缓解矛盾，我们就建议有组织地当即行动，保证农民的利益；当小资产阶级政党建议以协商的方式夺取土地，我们建议以暴力拿来土地，以此保证群众的切身利益。列宁这样赞成农民获得土地，正是因为"民族问题和土地问题，是目前俄国小资产阶级群众切望解决的根本问题。这是不容争辩的。"只有"在这两个问题上，无产阶级一点也'没有脱离'其他阶级"②。它才能得到大多数人民的拥护。

7. 放弃无产阶级和农民的革命民主专政，开辟自己的阶级路线

在1907年间，列宁提到只有经过"无产阶级和农民的革命民主专政"，革命才能胜利，随革命的发展，他渐渐认识到了农民和无产阶级的"界限"，渐渐明白了放弃该"无产阶级和农民的革命民主专政"的必要性。因为"1905年的客观情况是：无产阶级和农民是唯一的革命因素，立宪民主党人则拥护君主制。目前护国主义表明农民转向小资产阶级策略。在这种情况下，将革命进行到底已没有意义。革命已把小资产阶级和其他革命分子在护国主义的基础上联合起来了"③。所以在1917年，他正式表明，"现在谁只谈'无产阶级和农民的革命民主专政'，谁就是落在生活的后面，因而实际上跑

---

① 《列宁全集》第二十九卷，人民出版社1985年版，第412页。
② 《列宁全集》第三十二卷，人民出版社1985年版，第292页。
③ 《列宁全集》第二十九卷，人民出版社1985年版，第243页。

关于小资产阶级问题：从马克思到列宁　>>>

到小资产阶级方面去反对无产阶级的阶级斗争，这种人应当送进革命前的'布尔什维克'古董保管库（也可以叫作'老布尔什维克'保管库）"①。也就是说，到了1917年，十年间的发展使得"无产阶级和农民的革命民主专政"已经过时了，不再适应革命发展现状了。列宁表示，"在我的提纲中，绝对保险一点也没有跳过尚未失去作用的农民运动或整个小资产阶级运动，一点也没有由工人政府'夺取政权'的儿戏，一点也没有布朗基主义的冒险行动，因为我直接提到了巴黎公社的经验"②，即放弃"无产阶级和农民的革命民主专政"而坚持无产阶级专政是符合历史和现实的。所以，"谁立即迅速而彻底地使苏维埃中的无产阶级分子（即无产阶级的共产主义政党）同小资产阶级分子分离，谁就是在下述两种可能情况下正确地反映运动的利益"③。

但放弃"无产阶级和农民的革命民主专政"，并不是立刻要将农民代表赶出苏维埃。列宁是这样来解释这个问题的，他说，"无产阶级政党不是一定要立刻把农民代表苏维埃拆散，但它应当说明，必须组织单独的雇农代表苏维埃和单独的贫苦农民（半无产者）代表苏维埃，或者至少要组织这种阶级地位的代表，作为总的农民代表苏维埃中单独的党派，举行单独的定期会议。"④ 这种放弃"无产阶级和农民的革命民主专政"并非是要将农民代表悉数赶出，而是要

---

① 《列宁全集》第二十九卷，人民出版社1985年版，第138页。
② 《列宁全集》第二十九卷，人民出版社1985年版，第142页。
③ 《列宁全集》第二十九卷，人民出版社1985年版，第145页。
④ 《列宁全集》第二十九卷，人民出版社1985年版，第165页。

第三章　无产阶级对待小资产阶级的策略

将那些资本家的变种——富农，逐出党内，只能留下经济地位和政治地位接近无产阶级的雇农、贫农，将这些阶级地位的代表当作总的农民代表，举行单独的定期会议。所以，无产阶级领袖还得尽量"阐明阶级利益的不同，说服小资产阶级中的某些阶层（即贫苦农民），使他们在工人和资本家中间作一选择，站到工人方面来"①。

因此，列宁在1917年说："我们的任务是要离开小资产阶级泥潭去开辟一条阶级路线"；"我们要是不划分出一条无产阶级路线，就是背叛无产阶级事业"②。也就是说，"老的布尔什维主义应当抛弃。必须把小资产阶级的路线同雇佣无产阶级的路线区分开来。"③为了开辟自己的阶级路线，就"不要被那些跟着资本家跑的小资产阶级'妥协分子'，护国派，政府的'支持'派所蒙蔽，也不要被那些蓄意冒进、在人民大多数还没有紧密团结起来的时候就单枪匹马地呼喊'打倒临时政府！'的人所蒙蔽"④；就"必须进行长期的工作来启发无产阶级的阶级意识和团结城乡无产者来反对小资产阶级的动摇，因为只有这样做才能保证全部国家政权胜利地转到工兵代表苏维埃或其他直接表达人民大多数意志的机关（地方自治机关立宪会议等手中"⑤，才能真正地去坚持无产阶级路线。

（二）十月革命后的策略

尽管苏维埃存在着小资产阶级特性的残余，但新型的国家还是

---

① 《列宁全集》第二十九卷，人民出版社1985年版，第465页。
② 《列宁全集》第二十九卷，人民出版社1985年版，第238页。
③ 《列宁全集》第二十九卷，人民出版社1985年版，第244页。
④ 《列宁全集》第二十九卷，人民出版社1985年版，第361页。
⑤ 《列宁全集》第二十九卷，人民出版社1985年版，第402页。

由人民群众建立起来了。所以在向社会主义前进的道路上，列宁仍然十分重视小资产阶级问题。

1. 坚持无产阶级专政

十月革命以前，列宁就提到了要坚持无产阶级专政；十月革命胜利后，面对小资产阶级的无政府状态，面对小资产阶级破坏粮食垄断、进行投机买卖等现状，列宁更是重视无产阶级专政。他说："如果我们不用觉悟工人钢铁般的专政来对付瓦解、组织涣散和悲观失望，我们就会被人打垮。"①

列宁明确指出，苏维埃机关不是妥协的机关，而是专政的机关。他说："既然苏维埃剥夺了剥削者的选举权，那就是说，苏维埃不是小资产阶级同资本家妥协的机关，不是进行议会空谈（如考茨基、龙格和麦克唐纳之流的空谈）的机关，而是真正革命的无产阶级同剥削者作你死我活斗争的机关"②，面对小资产阶级，我们不能够同剥削者妥协，而是要坚持专政，与其做斗争。在实践中，"对于那些受小资产阶级的和帝国主义的偏见毒害很深以致往往不可救药的'领袖'或'负责人'必须进行无情的揭露，把他们从工人运动中赶出去"③，坚持以无产阶级专政防止小资产阶级的破坏。

1919年5月27日，列宁再次强调了无产阶级专政的必要性，他说："要使无产阶级能引导农民和一切小资产阶级阶层前进，就必须有无产阶级专政，必须有一个阶级的政权，必须有这个阶级

---

① 《列宁全集》第三十三卷，人民出版社1985年版，第221页。
② 《列宁选集》第三卷，人民出版社1972年版，第637页。
③ 《列宁选集》第四卷，人民出版社1972年版，第241页。

的组织性和纪律性的力量，必须有这个阶级的以资本主义文化、科学、技术的一切成果为基础的集中的实力，必须以无产阶级感情体会一切劳动者的心理，并在农村或小生产中的涣散的、不够开展的、政治上不够稳定的劳动者面前具有威信"①，要想战胜小资产阶级，且领导他们，就必须要有无产阶级专政，树立起无产阶级自己的威信。

2. 采取国家资本主义和社会化大生产的手段来反对小资产阶级的经济投机

要知道，"小资产阶级阵营中的我们的敌人把对内政策和经济建设当作同我们进行斗争的主要场所；他们的手段就是破坏无产阶级在建立有组织的社会主义经济事业方面用法令规定的和力图实现的一切。在这里，小资产阶级的自发势力，即小私有者和极端利己主义的自发势力是无产阶级不可调和的敌人"②，面对这种敌人，列宁认为"我们要揭发它，加强用苏维埃的方法同它斗争"③。

1918 年，小资产阶级"他们破坏正在建立的监督，例如破坏粮食垄断，夺取阵地进行投机活动和投机买卖"④，面对这些现象，列宁认为"要消除这种现象，需要时间，需要铁的手腕"⑤。面对小资产阶级的投机等活动，列宁认为可以以国家资本主义来制止，以"全民的计算和监督"走向社会主义。他曾明确表述过，"我说国家

---

① 《列宁选集》第三卷，人民出版社 1972 年版，第 836 页。
② 《列宁全集》第三十四卷，人民出版社 1985 年版，第 227 页。
③ 《列宁全集》第三十四卷，人民出版社 1985 年版，第 170 页。
④ 《列宁全集》第三十四卷，人民出版社 1985 年版，第 164 页。
⑤ 《列宁全集》第三十四卷，人民出版社 1985 年版，第 176 页。

关于小资产阶级问题：从马克思到列宁 >>>

资本主义将会是我们的救星；如果我们俄国有了国家资本主义，那么过渡到完全的社会主义就会容易，就会有把握，因为国家资本主义是集中的，有计算和监督的，社会化的，而我们正好缺少这些，小资产阶级的懈怠懒惰的自发势力正在威胁我们，这种自发势力主要是由俄国的历史和经济造成的，它恰恰不让我们采取这个能决定社会主义胜利的步骤"①，正是小资产阶级不让我们这样，我们便更要经过这个道路，这个中间站——对产品的生产和分配实行全民的计算和监督。这是因为，"工人们在跨出可能被'左的'词句或小资产阶级自由散漫所迷惑的幼年时期以后，恰恰是要经过资本家对托拉斯的领导，经过大机器生产，经过年周转额达几百万的企业，就是说，只有经过这种生产和企业，才能走向社会主义。工人们不是小资产者。他们不害怕大规模的'国家资本主义'，他们重视这样的国家资本主义，认为这是他们的工具，无产阶级的工具，他们的苏维埃政权将利用这种工具来反对小私有者的瓦解作用和涣散现象"②。即国家资本主义是无产阶级反对小资产阶级的工具。

另外，在新经济政策时期，列宁虽然说过这样的话："我认为，在绝大多数生产资料集中在我们国家政权手中的情况下，小资产阶级的真正的经济要求是消费品的买卖自由。我国的立法是保证小资产阶级有这种自由的"③。列宁的这种承认市场和货币的话语并不能说明列宁赞同小资产阶级的发展，因为列宁始终认为"小经济的发

---

① 《列宁全集》第三十四卷，人民出版社1985年版，第236页。
② 《列宁全集》第三十四卷，人民出版社1985年版，第289页。
③ 《列宁选集》第四卷，人民出版社1972年版，第712页。

展就是小资产阶级的发展，就是资本主义的发展"①，所以"苏维埃政权'培植'租让制这种国家资本主义，就是加强大生产来反对小生产，加强先进生产来反对落后生产，加强机器生产来反对手工生产，增加可由自己支配的大工业产品的数量（即提成），加强由国家调整的经济关系来对抗小资产阶级无政府状态的经济关系"②。除了在经济上把控小资产经济，列宁认为还要在思想层面加强对小资产阶级的抵制，列宁在《关于工会在新经济政策条件下的作用和任务提纲草案》中是这样说的："共产党和领导文化教育工作的苏维埃机关以及工会中的全体共产党员，都应当更加重视同工会中的小资产阶级的影响、思潮和倾向进行思想斗争，尤其是在新经济政策不能不在某种程度上加强资本主义的时候。为了对抗资本主义的加强，加紧抵制小资产阶级对工人阶级的影响是十分必要的。"③ 也就是说，即便是新经济政策下，允许小资产经济发展的时期，也要时刻记住这种经济是加强资本主义的，是我们时刻要注意防范的。

3. 善于"转变"小资产阶级

到了十月革命后，无产阶级成了领导阶级，为了无产阶级能引导农民和一切小资产阶级阶层前进，"就必须有无产阶级专政，必须有一个阶级的政权，必须有这个阶级的组织性和纪律性的力量，必须有这个阶级的以资本主义文化、科学、技术的一切成果为基础的集中的实力，必须以无产阶级感情体会一切劳动者的心理，并在农

---

① 《列宁选集》第四卷，人民出版社1972年版，第503页。
② 《列宁选集》第四卷，人民出版社1972年版，第505页。
③ 《列宁选集》第四卷，人民出版社1972年版，第505页。

村或小生产中的涣散的、不够开展的、政治上不够稳定的劳动者面前具有威信"①。总之，在无产阶级专政的指导下，1918年春列宁再次强调对小资产阶级的"专政"，强调打击小资产阶级自发势力，且试图以国家资本主义将小生产引向联合；而后，新经济政策时期列宁又提出向农民进行让步、妥协，试图以合作制引导农民走向联合。

虽然列宁在革命后提到"专政"，可他并非在革命胜利后立马抛弃小资产阶级。革命胜利后，他也说过"把受资本主义压迫的被剥削劳动群众联合和组织起来——这里只限于被剥削劳动群众，即工人和贫苦农民（半无产者），自然不包括剥削阶级和富裕的小资产阶级分子"②，也就是说，列宁将贫农当作被剥削的劳动群众，将其看作可联合的对象。在1918年10月，列宁再次强调，"我们布尔什维克要帮助农民抛弃小资产阶级口号，使他们能尽量迅速、尽量容易地从这种口号过渡到社会主义口号"③，强调要促进农民的转变。

也就是说，虽然列宁强调与小资产阶级的斗争，但这种斗争包含着"软硬兼施"，包含着"区别对待"，除了要区分贫农和富裕的小资产阶级的区别，还要在坚持专政的同时，善于利用、转变他们。列宁在1918年的11月30日，说过这样的话："毫无疑问，我们党内往往有人不会利用。他们的转变，这种不会可以克服而且应当克服，把不会利用变为很会利用。我们已经有大多数参加工会组织的无产者这样一个坚强的后盾。必须善于吸引那些正在转向我们这边

---

① 《列宁选集》第三卷，人民出版社1972年版，第836页。
② 《列宁全集》第三十四卷，人民出版社1985年版，第67页。
③ 《列宁选集》第三卷，人民出版社1972年版，第666页。

的、无产阶级性最少而小资产阶级性最多的劳动阶层,使他们参加我们的行列,服从无产阶级的纪律,目前的口号是:不要同他们斗争,而要争取他们,善于影响他们,说服动摇者,利用中立者,用广泛的无产阶级影响来熏陶那些落后的或者最近才开始摆脱'立宪会议'幻想或'爱国主义民主主义'幻想的人。"① 也就是说,无产阶级还要吸引小资产阶级,加入无产阶级的行列,争取使得他们服从无产阶级的纪律。

1919年6月28日,列宁在谈到当前任务时说:"为了取得胜利,为了建立和巩固社会主义,无产阶级应当解决双重的或二位一体的任务:第一,用自己在反对资本的革命斗争中奋不顾身的英勇精神吸引全体被剥削劳动群众,吸引他们,组织他们,领导他们去推翻资产阶级和彻底镇压资产阶级的一切反抗;第二,把全体被剥削劳动群众以及小资产阶级的所有阶层引上新的经济建设的道路,引上建立新的社会联系、新的劳动纪律、新的劳动组织的道路,这种劳动组织把科学和资本主义技术的最新成就同创造社会主义大生产的自觉工作者大规模的联合联结在一起。"② 也就是说,到了1919年,列宁将吸引、组织、领导小资产阶级看作社会主义建设的任务,他倡导以无产阶级精神来吸引小资产阶级,他想要以新的经济关系、新的纪律、新的劳动组织(比如合作社)等方式来"转变"小资产阶级。

---

① 《列宁选集》第三卷,人民出版社1972年版,第584页。
② 《列宁选集》第四卷,人民出版社1972年版,第13页。

三、马克思恩格斯和列宁关于对待小资产阶级策略的异同

在不同的革命过程中,马克思、恩格斯和列宁都在各自的时代论述了应该如何对待小资产阶级的策略,两者在很多地方极其相似,但在具体的观点中又稍显不同。

(一)马克思恩格斯和列宁在策略方面的相同之处

在很大程度上,列宁沿袭了马克思和恩格斯对待小资产阶级的态度、方法,两者在某些方面是很一致的。

1. 根据革命发展态势决定对待小资产阶级的策略

纵观马克思和恩格斯和列宁在对待小资产阶级策略的问题上,他们不是始终坚持一个策略的,而是始终根据革命发展态势来调整自己的策略。

就马克思和恩格斯而言,自19世纪50年代起,就明确表示不要主动的联合,只接受非人为的、暂时的联合,直到革命发展到70年代,马克思和恩格斯提出要为革命联合小资产阶级的策略。在50年代,马克思和恩格斯说:"在反对共同的敌人时,不需要什么特别的联合。一旦必须进行反对共同敌人的直接斗争,两个党派的利益也就会暂时趋于一致,正如历来的情况一样,将来也自然会产生出这种只适合一时需要的联合。"[1] 而后,到了70年代,他们认识到"就连无产阶级也还没有成长到不能再与1525年相比的状态。完全地和终生地依靠工资过活的阶级,还远没有构成德国人民的多数。

---

[1]《马克思恩格斯选集》第一卷,人民出版社1995年版,第369页。

因此，它也得依靠同盟者"①的现实，渐渐地接受同小资产阶级的联盟。他们在19世纪90年代甚至提出"我们的主要任务就是不停地促使这种力量增长到超出现政府制度的控制能力，不让这支日益增强的突击队在前哨战中被消灭掉，而是要把它好好地保存到决战的那一天"②。导致马克思和恩格斯关于小资产阶级策略有巨大变化的原因就是革命态势的变化，在无产阶级还未成长到不需要同盟者时，在革命过程中小资产阶级的人数和实力不容小觑时，是需要无产阶级在保证独立的基础上来联合他们的，这是革命态势发展的要求。

同样地，列宁对于小资产阶级的策略也是随着革命发展态势而变化的，并不是制定后就不再更改的。首先，就民主革命时期和社会主义革命时期来说，无产阶级对待小资产阶级的策略就不是相同的，在民主革命时期，列宁的基本策略是联合小资产阶级进行革命，而改造期间的基本策略是反对小资产阶级，转变小资产阶级。其次，就民主革命期间而言，随革命态势的发展，列宁对小资产阶级的策略仍然有变化，当孟什维克加强同小资产阶级的联盟时，无产阶级此时的任务就是坚定无产阶级和小资产阶级的联盟，甚至提出了"无产阶级和农民的革命民主专政"的口号；而到了后期，面对小资产阶级农民的右转，面对革命态势的变化，再提"无产阶级和农民的革命民主专政"就是落在革命的后面了，因此提出"同小资产阶级分离"的策略。最后，在十月革命后，列宁对待小资产阶级的策

---

① 《马克思恩格斯选集》第二卷，人民出版社1995年版，第628页。
② 《马克思恩格斯选集》第四卷，人民出版社1995年版，第523页。

略在社会主义改造时期和新经济政策时期也是有一些小的差别（前者消灭小资产经济，后者允许小资产阶级的经济要求）。

也就是说，马克思、恩格斯和列宁对待小资产阶级的策略并不是一成不变的，而是随着革命态势而不断调整的。

2. 在坚持无产阶级的原则下调整策略

马克思、恩格斯和列宁都十分坚持无产阶级的原则，在对待小资产阶级的策略中也有所体现。

马克思和恩格斯在19世纪50年代思考要不要同小资产阶级合作的问题时，就十分注重无产阶级的原则。在关于小资产阶级和无产阶级有分歧的问题上，他们坚持原则，一步也不退让。例如，关于废除封建制的问题上，马克思和恩格斯认为，无产阶级对于小资产阶级所倡导的农民分到土地的要求理应坚决反对，理应寸步不让地坚持公有制和社会化大生产；在建国问题上，他们提出无产阶级要力求建立集权的共和国，而不是小资产阶级所要求的松散的联邦制国家。到了70年代，即使马克思和恩格斯提出要联合小资产阶级进行革命，他们也并未放弃无产阶级的原则，反而更加重视无产阶级的原则了。在向小资产阶级借力的时候，马克思和恩格斯十分强调无产阶级的领导权，他们认为小资产阶级参加无产阶级运动时，不能将小资产阶级的观点带入党内，那些有小资产阶级观点的人组成的党派，无产阶级可以和他们进行谈判，甚至结盟，但党内是不允许存在小资产阶级思想的，因为这种思想会动摇无产阶级的领导。

列宁也是如此，在制定对待小资产的策略时尤其注重无产阶级的原则。在民主革命期间，虽然列宁并未提出立马要求土地国有化,而是要支持小资产阶级的民主主义要求(比如帮助农民争取土地),但列宁仅仅将资产阶级革命看作是为资本主义更加广泛而迅速的发展清扫基地,看作是社会主义革命的"基础"。列宁是十分注重社会主义的原则和方向的,在民主革命期间他说过很多次,若小资产阶级跟随无产阶级反对自由派,那将是对它最好的选择,"如果它不愿意这样做,那对它只有更坏,而我们是无论如何要走社会民主主义的道路的"①。在联合小资产阶级的过程中,他坚持原则,一旦小资产阶级右转,就立即与它划清界限,力求保持无产阶级政党的纯洁性。在曲折的革命道路中,列宁始终坚持着无产阶级的前进方向。

总的来说,尽管革命过程中,无产阶级对待小资产阶级的策略随革命态势不断变化,但无产阶级的前进方向是不会改变的,无产阶级的原则是不可以被模糊的。马克思和恩格斯在从拒绝联合到争取联合的过程中,始终坚持公有制和无产阶级专政的原则;列宁即便在革命期间支持小资产阶级的民主要求,但始终是强调社会主义方向的。

(二)马克思恩格斯和列宁在策略方面的不同之处

由于革命背景的差别,马克思、恩格斯和列宁在如何对待小资产阶级方面终归是有不同之处的。

1. 因具体历史条件的限制,某些方面的解决措施有显著差异

马克思、恩格斯和列宁都强调党内的纯洁性,双方都提出过联

---

① 《列宁全集》第十四卷,人民出版社1988年版,第297页。

合小资产阶级进行革命的观点，都不想让小资产阶级思想侵入党内。可由于具体历史条件的差异，双方在如何对待党内的小资产阶级思想方面有些不同。马克思说过，"当进入党内的小资产阶级分子已经公开表明态度的时候，情况就不同了。只要还允许他们把自己的小资产阶级观点一点一点地偷运到德国党的机关报中来，对我们来说，这个机关报就等于根本不存在"①，面对小资产阶级思想的入侵，马克思果断放弃传播的载体，以此来与小资产阶级思想绝缘。而列宁则与之不同，他在《论拥护召回主义和造神说的派别》中是这样说的："当工人政党发展得特别迅速的时候（如1905—1906年我国的情形），大批满脑子小资产阶级思想的分子进入工人政党是不可避免的。这并不是什么坏事。无产阶级的历史任务就是要使旧社会给无产阶级留下的所有小资产阶级出身的人得到再锻炼、再教育和再改造。但是要做到这一点就需要无产阶级去再改造这种出身的人，就需要无产阶级去影响他们，而不是让他们来影响无产阶级。"② 列宁在面对小资产阶级分子进入党内带来小资产阶级思想时，并非是要放弃无产阶级思想本身的传播阵地，而是要利用该阵地教育改造小资产阶级，以此来消除小资产阶级思想的影响。

不仅如此，在如何对待小资产阶级利益方面，马恩和列宁的策略也有所不同。马克思和恩格斯在19世纪50年代是这样对待小资产阶级要求的：他们认为，"在斗争中和斗争后，工人一有机会就应

---

① 《马克思恩格斯全集》第三十四卷，人民出版社2008年版，第406页至第407页。
② 《列宁全集》第十九卷，人民出版社1989年版，第106页。

当提出他们本身的要求，以此与资产阶级民主派的要求相抗衡"①，即便是之后，在他们决意联合小资产阶级的时期，他们对于小资产阶级的要求都是批判、反对的。而列宁却并非这样，在民主革命时期，他是支持小资产阶级的民主主义要求的，他认为"支持小资产阶级的民主主义要求决不等于支持小资产阶级"②，并十分支持农民夺取土地并发展小资产阶级经济的要求，且将其看作过渡的条件。

总之，在对待小资产阶级的细节方面，和马克思、恩格斯相比，由于俄国国情的特殊性，列宁在对待小资产阶级方面更显"宽容"，更加"重视"。

2. 列宁对待小资产阶级的策略更加注重"区别对待"

马克思和恩格斯在制定对待小资产阶级策略时也对小资产阶级的组成做了区分，这是毋庸置疑的。但在制定政策时，马克思和恩格斯一般只是从"小资产阶级政党"和"参与革命的小资产阶级分子"两方面出发去考虑。例如，马克思和恩格斯在《告同盟书》中讨论的如何对待小资产阶级民主派的问题；1890年，恩格斯表明在选举中该如何对待小资产阶级党团的问题；在联合小资产阶级革命时期，无产阶级政党对参加无产阶级运动的小资产阶级分子提出的要求；等等。总的来看，马克思和恩格斯关于无产阶级对待小资产阶级的策略，基本围绕着无产阶级该如何对待小资产阶级，如何对待与无产阶级政党相关的小资产者展开。

---

① 《马克思恩格斯选集》第一卷，人民出版社1995年版，第370页。
② 《列宁全集》第四卷，人民出版社1986年版，第198页。

关于小资产阶级问题：从马克思到列宁　>>>

　　关于如何对待小资产阶级，列宁在很多地方继承并发展了马克思和恩格斯的观点，可考虑到俄国国情的特殊性，列宁在制定策略时，不仅围绕小资产阶级政党、参与民主革命的小资产阶级分子展开，还将小资产阶级和小资产阶级的民主主义要求区分开来，提出"支持小资产阶级的民主主义要求也决不等于支持小资产阶级"[①] 的结论。除此之外，列宁还提出无产阶级要争取小资产阶级群众，要对进入党内的小资产分子和党外的小资产阶级群众做区别对待，在党内做到同小资产阶级分子分离，在党外支持小资产阶级的某些利益、进行无产阶级的宣传，从而争取到小资产阶级群众的支持，做到不与其他阶级相"脱离"。

　　另外，和马克思、恩格斯相比，由于具体历史条件的差别，列宁不仅考虑了民主革命时期无产阶级该如何对待小资产阶级的问题，还考虑了社会主义革命时期无产阶级该如何对待小资产阶级的问题。在社会主义革命的过程中，一方面，列宁坚决反对小资产阶级的经济要求和落后思想；另一方面，他又提出无产阶级要吸引、组织和领导小资产阶级推翻资产阶级的一切反抗，将他们引上新的经济建设道路，引上建立新的社会联系、新的劳动纪律、新的劳动组织的道路，从而使小资产阶级得到"转变"。也就是说，在社会主义革命期间，列宁将小资产阶级和小资产阶级的要求相区分，一方面反对小资产阶级的思想，另一方面又领导、帮助小资产阶级。

---

① 《列宁全集》第四卷，人民出版社1986年版，第198页。

总之，由于俄国革命的特殊性，列宁在对待小资产阶级的策略方面，不得不考虑得更加"细致"，不得不将小资产阶级的要求和小资产阶级本身相区分，不得不将小资产阶级政党和小资产阶级群众相区分，不得不将进入无产阶级政党的小资产阶级分子和小资产阶级群众相区分。

第四章

马克思恩格斯对小资产阶级社会主义的批判

　　自资本主义诞生之日起，理论上对现代文明的反思和对资产阶级的批判始终没有停息。以蒲鲁东、拉萨尔、杜林等为代表的小资产阶级社会主义者们对于资本主义社会的弊病和阴暗面，更是报以热情洋溢的抨击。但是这些自诩为"社会主义的改革家或行家"的小资产阶级社会主义者们根本没有找到资本主义痼疾的"症候"，他们开出的改革"偏方"往往药效不足，甚至存在不把脉、未问诊、乱开药、配错药的庸医行为，改良主义的药方不仅治标不治本，还一度使工人运动深受荼毒。这种小资产阶级社会主义对于工人运动的危害是极大的，无产阶级革命导师马克思和恩格斯自然不会对此放任自流、置之不理，于是他们在总结无产阶级革命经验和回应小资产阶级社会主义挑战的基础之上，对小资产阶级社会主义进行了无情的批判。这一批判贯穿于马克思主义发展史的始终，不仅彻底清算了小资产阶级社会主义的错误，也有力推动了科学社会主义的发展。

>>> 第四章　马克思恩格斯对小资产阶级社会主义的批判

一、追根溯源：小资产阶级社会主义的助产婆

马克思和恩格斯对小资产阶级社会主义的批判要从"小资产阶级社会主义"的来源讲起，这就涉及"小资产阶级"和"小资产阶级思想"。只有真正了解小资产阶级和小资产阶级思想的渊源，才能真正理解马克思和恩格斯对于小资产阶级社会主义的批判。

（一）时代的产儿：小资产阶级和小资产阶级思想

阶级是时代的产物，有什么样的时代就会有什么样的阶级，产生什么样的思想。小资产阶级和小资产阶级思想也要放到时代中去。恩格斯早就指出："一切社会变迁和政治变革的终极原因，不应当到人们的头脑中，到人们对永恒的真理和正义的日益增进的认识中去寻找，而应当到生产方式和交换方式的变革中去寻找；不应当到有关时代的哲学中去寻找，而应当到有关时代的经济中去寻找。"① 小资产阶级的产生反映的是资本主义大生产下日渐没落，朝不保夕的小生产者所做的最后的挣扎。于是，马克思对这样一个群体做了这样一个描述："在现代文明已经发展的国家里，形成了一个新的小资产阶级，它摇摆于无产阶级和资产阶级之间，并且作为资产阶级社会的补充部分不断重新地组成。但是，这一阶级的成员经常被竞争抛到无产阶级的队伍里去，而且，随着大工业的发展，他们甚至觉察到，他们很快就会完全失去他们作为现代社会中一个独立部分的地位，在商业、工场手工业和农业中很快就会被监工和雇员所

---

① 《马克思恩格斯文集》（第九卷），人民出版社2009年版，第284页。

119

代替。"①

　　从小资产阶级的产生和境遇能够看到小资产阶级自身的政治属性。一方面，小资产阶级在与大资产阶级的竞争中处于弱势一方，备受资产阶级的排挤和压迫，这使得他们对同样身受压迫的无产阶级处境感同身受，同等不堪的际遇催生了他们对于无产阶级的深切同情，也让他们萌生了同气连枝、同仇敌忾的想法；然而另一方面，当无产阶级把斗争的矛头指向生产资料私有制时，他们又临阵倒戈，怯懦地倒向资产阶级阵营。正如马克思所说："小资产者在已经发展了的社会中，迫于本身所处的地位，必然一方面成为社会主义者，另一方面又成为经济学家，就是说，他既迷恋大资产阶级的浮华，又同情人民的苦难。"② 小资产阶级的心理特点和怯懦本性决定了他们并不是一个彻底的革命的阶级，他们如羊一般绵软，鼠一般惊怯，害怕得罪任何一个阶级，他们想要做的只是竭尽全力在资产阶级和无产阶级中间找到一个利益平衡点，从而为自己在资本主义大生产中谋求一席之地。这种小资产阶级思想也意味着小资产阶级社会主义者们注定与马克思和恩格斯分道扬镳。

　　总之，在那个时代，小资产阶级注定只能是无产阶级短暂的"同路人"，小资产阶级思想注定是落后反动的思想，小资产阶级社会主义注定不是工人的"社会主义"，注定是马克思主义者要坚决抛弃的"主义"。

---

① 《马克思恩格斯选集》（第一卷），人民出版社1995年版，第297页。
② 《马克思恩格斯全集》（第二十七卷），人民出版社1972年版，第488页。

(二) 革命的序曲：资本主义工业的发展

18世纪以英国工业革命为标志，人类进入了一个崭新的时代。资本主义工业的发展给社会带来了前所未有的变革。尽管"自从蒸汽和新的工具机把旧的工场手工业变成大工业以后，在资产阶级领导下造成的生产力，就以前所未闻的速度和前所未闻的规模发展起来了。但是，正如以前工场手工业以及在它的影响下进一步发展了的手工业同封建的行会桎梏发生冲突一样，大工业得到比较充分的发展时就同资本主义生产方式用来限制它的框框发生冲突了"①。资本家凭借对生产资料的独占，心安理得地享受着不劳而获的甜头，工人们毫不倦息地创造着社会财富，却饱尝一无所得的苦果。随着工厂先进机器的引进，工人们纷纷被赶出工作岗位，沦为失业工人。以往普遍存在的小生产者和小店主，也由于资本主义大生产的发展而遭到排挤，难逃破产的宿命，日益融入无产阶级的队伍中去。社会上反抗资本主义大生产的呼声愈演愈烈，资本主义的生产方式"已经包含着许多的一切冲突的萌芽"②。

简单来说，资本主义工业的发展不仅使工人饱尝苦果，而且使小资产阶级受到排挤，逐渐被挤出自己的"舒适圈"，逐渐融入无产阶级行列当中去。在马克思和恩格斯眼里，资本主义工业的发展不仅推动着无产阶级的发展，也推动着小资产阶级不断探寻活路，寻找"新"的发展方向、"新"的合作对象。

---

① 《马克思恩格斯文集》（第九卷），人民出版社2009年版，第284页。
② 《马克思恩格斯文集》（第九卷），人民出版社2009年版，第287页。

（三）历史主旋律：失业、破产者的诉求

随着大工业不断发展，工人失业、小资产者破产的现象频繁出现，小资产者惶惶不可终日，一边节俭经营，妄想保住自己小生产者的地位，可一边又被工业的潮流夹带到革命的浪潮中。换句话说，资本主义大工业以其资本优势和设备优势把以往社会中本本分分靠劳动为生，经营着小本生意的小生产者、小商人、小作坊主远远抛诸脑后，令他们望尘莫及。这些小生产者根本追不上大生产的步伐，机器大生产发展得越快，他们的地位就越岌岌可危，在机器大生产的洪流冲击之下，他们已经走到破产的边缘。这种无奈而又不甘心的忿忿心态，使得他们中的一些先进分子不得不绞尽脑汁地思考如何才能维护自己的既得利益。在多重利益相互纠葛的斗争之中，小资产阶级社会主义者们的活动就越来越频繁了。

在分析了小资产阶级和小资产阶级思想的产生之后，小资产阶级社会主义的产生就一目了然了，正是资本主义生产方式的发展，使得小资产者地位难保，逼得他们不得不仇视这个资本主义社会，不得不期待"新的社会"，可这种小生产者杜撰出来的社会主义却并非是"灵药"。

二、分庭抗礼：粉墨登场的小资产阶级社会主义者们

资本主义自诞生那天起，似乎就无时无刻不与各种矛盾进行着殊死斗争。几乎每一次斗争都是对资本主义痼疾的把脉与诊断，使人们对之前模棱两可的资本主义"病症"有所了解。1825年的资本主义经济危机更使资本主义社会的弊病充分地暴露出来，在这场突

<<< 第四章　马克思恩格斯对小资产阶级社会主义的批判

如其来的大危机之下，本就岌岌可危的小生产者们纷纷破产，工厂相继倒闭，失业工人不断增加，破产的小生产者们被迫加入无产阶级的行列，无产阶级队伍不断壮大。贫富差距越来越大，底层民众的生活苦不堪言。原来，同启蒙学者的华美预言相比，"由'理性的胜利'建立起来的社会制度和政治制度竟是一副令人极度失望的讽刺画"①。出于对无产阶级的怜悯和一种愤懑的情绪，一些先进的知识分子纷纷开始了"自我表演"，同时，马克思和恩格斯开始了对小资产阶级社会主义的批判。

（一）马克思恩格斯对空想社会主义者的批判（以魏特林为代表）

空想社会主义产生于封建主义生产方式向资本主义生产方式转变的欧洲。在资本主义生产关系下，人们刚刚摆脱封建的人身依附关系，旋即又陷入资本主义的新的剥削之中，资本主义的弊端日益显露出来。为了克服这种弊端，建立一个没有剥削、没有压迫、人人平等的理想社会，各种各样的社会主义思潮、实验纷纷兴起。1516年，英国人托马斯·莫尔《乌托邦》一书的发表，更成了空想社会主义者们探索理想社会的灵光。19世纪上半叶，空想社会主义发展到最高阶段之时，西方也涌现出了一批批判资本主义制度的杰出代表，影响最大的是法国的圣西门、傅立叶和英国的欧文，他们都主张通过实验来建立新的"耶路撒冷"，都为未来社会制定了详细的规划，如圣西门的"实业制度"、傅立叶的"法郎吉"、欧文的

---

① 《马克思恩格斯文集》（第九卷），人民出版社2009年版，第273页。

123

"新和谐公社",但不幸的是,他们的这些构思都没能付诸实践,最终沦为不切实际的空想。正如马克思所说,他们的思想"越是制定得详尽周密,就越要陷入纯粹的幻想"①。因为,空想社会主义的根本局限性在于,他们不成熟的理论"是同不成熟的资本主义生产状况、不成熟的阶级状况相适应的。解决问题的办法还隐藏在不发达的经济关系中,所以只能从头脑中产生出来"②。通过分析我们不难发现,19世纪初期资本主义生产方式之下的社会化大生产还处于蓄势待发的阶段,资产阶级和无产阶级的对立也处于萌芽阶段,无产阶级作为刚刚分离出来的阶级,还无力独自与资产阶级抗衡。因此,空想社会主义者们的愿望和理想只能归于空想,空想社会主义者们的理论框架并不是科学的思想体系。

马克思和恩格斯对于空想社会主义的批判并没有因为他们对三大空想社会主义者的超越而停止,当时"在工人阶级当中已经强大到足以形成空想共产主义,在法国有卡贝的共产主义,在德国有魏特林的共产主义"③,他们的批判因此而颇费心思。与三大空想社会主义者有异曲同工之妙的是,魏特林也梦想建立一个理想的共产主义社会,既不同于空想社会主义,也不同于马克思主义的科学社会主义。魏特林的未来社会规划方案有着自己的内容,他对资本主义社会整体的不和谐、个体的不自由做了具体的分析,他将社会不和谐的根本原因归结为私有制,将未来美好社会规划为:公有制条件

---

① 《马克思恩格斯文集》(第九卷),人民出版社2009年版,第273页。
② 《马克思恩格斯选集》(第三卷),人民出版社1995年版,第608页。
③ 《马克思恩格斯选集》(第一卷),人民出版社1995年版,第257页。

下，能够实现社会整体的和谐与个人的自由。

魏特林的理想社会以家庭联盟的形式表现出来。魏特林认为，只有密谋暴动，才能实现这个理想社会。在他看来，资产阶级的民主无非就是金钱掩盖之下的民主，根本就是徒有虚名。他坚信"流氓无产者"是革命最为坚实的力量，认为依靠他们的自发行动就能推翻资本主义制度，实现共产主义社会。不难看出，相比三大空想社会主义者，魏特林的空想共产主义思想虽然有所发展，但仍不失为一种粗陋的、尚欠雕琢的、完全囿于思维的圈子，带着乌托邦主义成分的共产主义。马克思和恩格斯对此也做了批判。

一开始，马克思和恩格斯对魏特林抱了很大希望，并对他所写《和谐与自由的保证》一书中的正确部分给予了很高的评价，但这并未使魏特林改掉他身上的小资产阶级本性。1846年3月，马克思对魏特林的空想理论和宗派主义阴谋手段进行了严肃的批判，之后便与之决裂。1885年，恩格斯在对正义者同盟做历史回顾时，科学地指出了魏特林派理论的经济根源"同盟的社会学说很不确定，它有一个很大的根源于社会关系本身的缺点"；由于这些理论的鼓吹者并非是真正的产业工人，只是手工业者，是附属于小资产阶级的人，所以"每当问题涉及具体批判现存社会，即分析经济事实的时候，他们的手工业者旧有的成见对于他们就成为一种障碍，我不相信当时在整个同盟里有一人是读一本经济书籍的。但这没有多大关系，'平等''博爱'和'正义'暂时还有助于克服一切理论上的困难"①。恩格斯甚至还讽刺过魏特林"口袋里装有一个能在地上建成天堂的现成药方"②。

(二)马克思恩格斯对"真正的社会主义"的批判(以格律恩为代表)

除此之外,马克思和恩格斯还对所谓的"真正的社会主义"做了科学而严厉的批判,马克思对格律恩的《德国公民手册》等进行了批判,恩格斯在《诗歌和散文中的德国社会主义》中对带有"真正的社会主义"思潮特征的文学诗歌进行了批评,对格律恩及其著作《从人的观点论歌德》等进行了批判和清算。流行于19世纪40年代初期的"真正的社会主义"不过是对法国社会主义和共产主义的完全阉割和拙劣模仿,以赫斯、格律恩为代表的小资产阶级社会主义者们以自己独有的睿智,心安理得地"在法国人的论述下面塞进自己的哲学词句"③,而后将之称为"真正的社会主义""德国的社会主义科学"。"真正的社会主义"是普鲁士政府为了对付德国的资产阶级而炮制的理论武器,他们宣扬超阶级的爱、抽象的人性,他们用柔美动听的语言来为自己的理论开辟销路,拒绝进行任何政治活动和政治斗争,否认资产阶级民主革命的必要性。这种社会主义既不利于资产阶级的发展,也不利于无产阶级的团结和联合,它反映的只是小资产阶级渴望保存现存制度的自私心理。在《德意志意识形态》中,马克思明明白白地称之为"是无产阶级的共产主义

---

① 《马克思恩格斯选集》(第四卷),人民出版社1995年版,第191至192页。
② 《马克思恩格斯选集》(第四卷),人民出版社1995年版,第191至192页。
③ 《马克思恩格斯选集》(第一卷),人民出版社1995年版,第299页。

和英国、法国那些或多或少同它相近的党派在德国精神和我们看到的德国情感的天国中的变容而已"①。

1845年到1848年间，马克思和恩格斯在许多著作中都对"真正的社会主义"做了无情的批判，从哲学前提、理论渊源、阶级基础等方面对其进行了批判，其中心思想可以归纳为三点。

其一，批判"真正的社会主义"不切实际地将德国的社会情况框定在英法不成熟的共产主义文献所描述的模式内，其核心思想是对英法空想社会主义文献的拙劣复制。

其二，批判"真正的社会主义"站在资产阶级立场上反对资产阶级的暧昧态度，这实际上是对民众的欺骗，影射了小资产阶级的反动性质和怯懦心理。

其三，批判"真正的社会主义"所标榜的"普遍的人类之爱"实际上是对现实的回避，是对费尔巴哈人本主义哲学的旧调重弹。在马克思和恩格斯对费尔巴哈的人本主义哲学做出尖锐批判的同时，"真正的社会主义者们"仍然将其奉为圭臬，这种截然不同的态度决定了这些所谓"真正的社会主义者们"注定与马克思和恩格斯背道而驰。考察这些"社会主义者们"的种种观点，恩格斯把他们的理论陈述为"以美文学的词句代替了科学的认识，主张靠'爱'来实现人类的解放，而不主张用经济上改革生产的办法来实现无产阶级的解放，一句话，它沉溺在令人厌恶的美文学和泛爱的空谈中了"②。

---

① 《德意志意识形态》，人民出版社，2003年版，第85页至第86页。
② 《马克思恩格斯文集》（第四卷），人民出版社2009年版，第276页。

马克思和恩格斯在《共产党宣言》中更是把这种"社会主义"的反动性揭示得淋漓尽致,他们毫不隐晦地指出,"这种社会主义是这些政府用来镇压德国工人起义的毒辣的皮鞭和枪弹的甜蜜的补充"①。"真正的社会主义"作为一种小资产阶级社会主义思潮,看似在1848年的革命风暴中已经倾覆,其实不然。170多年来,在马克思主义的发展过程中,这种小资产社会主义思潮一直以改头换面的形式存在着,并且在无产阶级革命和国际共产主义运动中都产生着不小的影响。在马克思主义与各种反动性质的社会主义斗争的过程中,以蒲鲁东为代表的小资产阶级社会主义者们也开始与马克思公开叫板了。

(三)马克思恩格斯对小资产阶级社会主义的批判(以蒲鲁东、拉萨尔等为代表)

在社会主义由空想到科学的发展过程中,马克思和恩格斯对形形色色的机会主义者都进行了尖锐的批判,最引人注目的还要数他们对于以蒲鲁东、拉萨尔等为代表的小资产阶级社会主义的批判。马克思尖锐地批判小资产阶级社会主义者们的学说为"冒牌的社会主义""改头换面的社会主义",恩格斯更是用最难听的词汇来形容小资产阶级社会主义者们,说他们是"下流作家""愚蠢的小丑""侏儒"。单从这些字眼就可看出马克思和恩格斯对小资产阶级社会主义的批判多么不留情面,他们对小资产阶级社会主义者们的厌恶也可见一斑。

---

① 《马克思恩格斯选集》(第一卷),人民出版社1995年版,第300页。

第四章　马克思恩格斯对小资产阶级社会主义的批判

就拿蒲鲁东来说，马克思始终是反对他的小资产阶级立场的，马克思从政治经济学、政治、哲学三个方面展开批判，在《德意志意识形态》里嘲笑格律恩抄袭《神圣家族》以企图凌驾于蒲鲁东时，马克思不忘强调"蒲鲁东的一切证据都是错误的"[1]。马克思在1846年末马克思在给安年科夫的信中痛斥《贫困的哲学》，说它是"一本很坏的书"，而且将蒲鲁东本人的行为形容成小丑般地"愤激，嚎叫，发疯发狂，肆口谩骂，指天画日，赌咒发誓，捶胸拍案"[2]。之后，在《共产党宣言》中，马克思又说蒲鲁东以厌弃革命运动和要求自由贸易的方式让无产阶级"走进新的耶路撒冷"。在远走英国后，马克思还批判了蒲鲁东的"人民银行"方略，嘲笑地说"冒牌革命理论家对采取的措施的性质和结果一无所知"[3]，就连蒲鲁东逝世，马克思在"讣告"中都强调了像蒲鲁东般的小资产者的特征"对这种人来说，只有一种动力，那就是虚荣心，像一切爱慕虚荣的人一样，他们所关心的只是眼前的成功、一时的风头"[4]。恩格斯对于蒲鲁东的批判集中在《论住宅问题》中，在这篇文章中，恩格斯对蒲鲁东的小资产阶级立场做了详细的批判，在结尾处他简单明了地表示"蒲鲁东的改革计划将怎样指向使社会一切成员都变成小资产者和小农这一目标。同样也没有必要去详谈小资产者利益和工人利益的所谓的同一性。要讲的话，都已经在《共产党宣言》

---

[1]《马克思恩格斯选集》（第三卷），人民出版社1960年版，第627页。
[2]《马克思恩格斯全集》第四十七卷，人民出版社2004年版，第439页。
[3]《马克思恩格斯选集》第一卷，人民出版社1995年版，第469—470页。
[4]《马克思恩格斯选集》第二卷，人民出版社1995年版，第621页。

中讲过了"①。

　　再来看看马克思和恩格斯对拉萨尔的批判。拉萨尔是不折不扣的机会主义者，他鼓吹改良、主张倒退的机会主义路线，妄图使德国的工人运动背离"第一国际"的路线，同国际工人脱轨，而效忠于普鲁士封建王朝，维护地主资产阶级的反动统治。恩格斯在揭露拉萨尔的政治投机生涯时就指出"1862年前，他实际上还是一个具有强烈的波拿巴主义倾向的、典型普鲁士式的庸俗民主主义者……由于纯粹个人的原因，他突然改变方针并开始他的鼓动工作。过了还不到两年，他就开始要求工人站到王权方面来反对资产阶级，并且同性格和他相近的俾斯麦勾结在一起"②，之后恩格斯又明确指出"拉萨尔的全部社会主义在于辱骂资本家，而向落后的普鲁士容克献媚"，"拉萨尔脑中充满了幻想，以为俾斯麦能承担实行社会主义千年王国的任务"③，等等，以此批判了拉萨尔的小资产阶级社会主义。马克思1868年10月13日写给施韦泽的信中也不含糊地指出拉萨尔"一开始就使自己的鼓动带有宗教的、宗派的性质"，"因为他是一个宗派的创始人，所以他否认同德国和外国以前的工人运动有任何天然的联系"④，以此来划清小资产阶级社会主义同社会主义的界限。

　　流行于19世纪中叶的小资产阶级社会主义其实是对"真正的社

---

① 《马克思恩格斯选集》第三卷，人民出版社1995年版，第203页。
② 《哥达纲领批判》，人民出版社1960年版，第57页。
③ 《马克思恩格斯全集》第十六卷，人民出版社1964年版，第255页至256页。
④ 《马克思恩格斯选集》第四卷，人民出版社1995年版，第371页。

<<< 第四章　马克思恩格斯对小资产阶级社会主义的批判

会主义"的改造和包装,是一种换汤不换药的"伪社会主义"。这些小资产阶级社会主义者们实际上是"真正的社会主义"的继承人,1848年的革命风暴把格律恩、赫斯、克利盖等人从科学社会主义的庭院中清扫出去,与此同时又带来了另一股小资产阶级社会主义思潮。这些小资产阶级社会主义者们的学说一经问世,就收到了巨大的反响,他们被无产阶级视为当时最伟大的改革家,他们的学说也被视为当时条件下的"救世良方"。因此,全面批判小资产阶级社会主义,把工人群众从小资产阶级的糖衣炮弹中解放出来就成为马克思和恩格斯的当务之急。

众所周知,在19世纪30年代,欧洲三大工人运动的兴起标志着无产阶级作为一支独立的政治力量登上了历史舞台,刚刚独立的无产阶级急需科学的学说来作为自己的理论武器,小资产阶级社会主义者们恰逢其时地抓住了这个机会,并以此为契机争相发表自己的理论言说。法国的蒲鲁东、德国的拉萨尔、杜林等作为小资产阶级社会主义的代表,争先恐后地活跃在各国社会主义运动的前沿,他们几乎成了当时社会上最具影响力的人物。当时在国际上最为活跃并且影响力最大的恐怕非蒲鲁东莫属,他凭借《什么是所有权》一书一举成为法国人心中当代最伟大的思想家,被视为"在当时的法国社会主义者中间占据最重要地位的人物"[1]。就连马克思和恩格斯也曾认为他是法国最为出色和最具代表性的社会主义者,并于1846年初写信邀请他加入共产主义通讯委员会,与工人阶级为伍。

---

[1] 《马克思恩格斯文集》(第四卷),人民出版社2009年版,第199页。

但是后来很多事实证明,这些至高无上的评价对蒲鲁东来说根本就是不虞之誉。随着工人运动的发展和蒲鲁东给马克思的回信可以看出,他的学说根本就是"格律恩化的蒲鲁东学说"①,是披着科学社会主义外衣的小资产阶级社会主义,是写着"济世良方"的一剂迷魂药,他所宣扬的社会主义根本就是"反无产阶级的、小资产阶级的和庸人的东西"②。同时代的小资产阶级社会主义者们与蒲鲁东相比,更是有过之而无不及,这些小资产阶级社会主义者们的学说是在激烈的革命词句掩盖下的改良主义,他们看似科学的革命词句对于尚未接受理论启蒙的工人群众来说具有极大的吸引力,无产阶级愈是对他们的理论趋之若鹜,就愈会误入歧途。小资产阶级社会主义实际上是对社会主义的玷污,这种社会主义严重阻碍了科学社会主义与工人运动的有机结合,是工人运动中最大的毒瘤。正是在认清、批判这些小资产阶级社会主义的过程中,马克思和恩格斯大大推进了国际工人的运动,确立了自己的"马克思主义"。

三、正本清源:小资产阶级社会主义的"真谛"

纵观小资产阶级社会主义的发展史,我们可以看到小资产阶级社会主义有其自身的理论之源,也有其精神上的继承人。它从空想社会主义那里受到狭隘的理论启发,而后又高举各种"社会主义"的招牌向工人群众兜售自己的理论,旧的小资产阶级社会主义刚倒下去,新的小资产阶级社会主义又冒出来,小资产阶级社会主义者

---

① 《马克思恩格斯全集》(第二十七卷),人民出版社1972年版,第46页。
② 《马克思恩格斯全集》(第二十七卷),人民出版社1972年版,第70页。

们乐此不疲地进行着自己的表演。令人啼笑皆非的是,虽然他们表演招式不同,其实质和内核却如出一辙。马克思一针见血地指出,小资产阶级社会主义不过是激烈的革命词句掩盖之下的改良主义,揭示了小资产阶级社会主义所隐藏的政治、经济、思想、组织等思想的"真面目"。

(一)政治上:不温不火的和平过渡

小资产阶级的经济条件和社会地位决定了小资产阶级的政治表现。作为资本主义大生产下不可幸免的等待着灭亡的阶级,小资产阶级对资本主义抱着一种厌恶和仇视的心理,他们在阶级斗争中更愿意和处境更为凄惨的下层劳动群众联合起来对抗大资产阶级。但是,由于小资产阶级的斗争和反抗只是为了在日益激烈的竞争中保存自己最后的一点财产,在社会化大生产中保住自己最后的席位,使自己不至于被挤入无产阶级的行列,他们与社会最底层的劳苦大众的愿望和诉求是不一样的,因此他们在阶级斗争中所希望采取的方法和手段也显得唯唯诺诺。小资产阶级社会主义者们痛恨资产阶级,但又对他们无比畏惧,他们最擅长干的事情就是对资产阶级进行隐晦的攻击,他们高呼要和无产阶级联合起来对付共同的敌人,但当危险来临的时候,他们又站在资产阶级一边,充当资产阶级的应声虫,甚至夸赞资产阶级是最精明、最有智慧的阶级。在夸赞资产阶级的同时,他们也不忘贬低无产阶级,他们认为无产阶级的贫困完全是由于自己的原因,蒲鲁东把无产阶级的贫困归结为工人群众的不思进取,拉萨尔则把无产阶级的贫困归结为人口的无限增长。

通过对社会现状的诡辩分析,他们得出结论,资产阶级与无产阶级并没有不可调和的矛盾，资产阶级也不应该被推翻，他们认为资产阶级和无产阶级之间的矛盾都是可以调和的，暴力革命只会给社会带来混乱，用改良的手段来解决社会弊病是最好不过的方法了。小资产阶级社会主义者们纷纷开出了医治社会弊病的偏方，如蒲鲁东的"用文火烧掉私有财产"、杜林的"共同社会"、拉萨尔的"自由国家"等，他们的这些理论充分反映了小资产阶级的怯懦心理，他们害怕资产阶级和无产阶级之间的激烈斗争会伤及自己的利益，因此他们千方百计地想要在资产阶级和无产阶级之间找到一个中庸式的平衡点，而阶级调和就是这样一个平衡点。

针对小资产阶级社会主义者们的狭隘理论说教，马克思指出，批判的武器当然不能代替武器的批判，物质的力量只能用物质的力量来摧毁。工人阶级必须树立"不是战斗，就是死亡；不是血战，就是毁灭"①的思想，尽最大努力争取革命的胜利，用暴力摧毁资产阶级的统治，为争取无产阶级的利益而奋斗。马克思和恩格斯尽最大努力对小资产阶级的政治表现、政治立场的经济根源做了科学的分析，在反对"小资产阶级社会主义"的过程中做到了"正本清源"。

(二) 经济上：社会主义糖衣之下的资本主义私有制

小资产阶级社会主义倡导的并非是"社会主义"，而是披着社会主义外衣的"资本主义"。小资产阶级作为在机器大生产中被排挤出去而濒临破产甚至已经破产的一群人，对资本主义大生产抒发了强

---

① 《马克思恩格斯选集》（第一卷），人民出版社1995年版，第195页。

<<< 第四章 马克思恩格斯对小资产阶级社会主义的批判

烈的不满和抵触,他们在谴责资本主义生产方式带来极大不公平的同时,绞尽脑汁地想要恢复资本主义产生以前普遍存在着的以劳动者私人占有生产资料为基础的小生产,即小农业和城市手工业。他们认为资本主义私有制除了造成大资本家对财富的无尽掠夺和小生产的破产外,几乎一无是处。他们看到"从前,劳动资料的占有者占有产品,因为这些产品通常是他自己的产品,别人的辅助劳动是一种例外,而现在,劳动资料的占有者还继续占有产品,虽然这些产品已经不是他的产品,而完全是别人劳动的产品了。这样,现在按社会方式生产的产品已经不归那些真正使用生产资料和真正生产这些产品的人占有,而是归资本家占有"①,资本主义生产关系下这种生产资料私有制的历史作用就是使大资本家越来越富有,社会产品越来越丰富,而无产阶级越来越贫困。社会一边是财富的无限积累、资本家的无限扩大再生产,一边是相对低下的消费能力、经济危机的循环爆发。

抱着对无产阶级的无限同情和对大资本主义私有制的无限痛恨,喊着改善劳动群众生活状况的口号,小资产阶级社会主义者们探索了一种更好的所有制形式,但其实他们对所有制也没有一个完整而清晰的认识。不过很快他们就炮制出了属于自己的一套理论,法国的小资产阶级社会主义者蒲鲁东主张建立"交换银行",通过向无产阶级和小生产者发放无息贷款,使这些人获得一笔可供自己支配的资金,让他们得以发展生产,摆脱危机,慢慢积累财富,逐渐发展

---

① 《马克思恩格斯文集》(第九卷),人民出版社2009年版,第287页。

成为小资产者,小资产阶级的队伍不断壮大,逐渐成为可以和大资产阶级相抗衡的力量,然后再用小资产阶级的小私有制来代替资本主义的大私有制。与蒲鲁东站在同一个基地上活动的还有德国的小资产阶级社会主义者杜林,杜林以管中窥豹的姿态提出,现代所有制是基于暴力的所有制,他主张建立"经济公社"来消除竞争,实现社会的普遍平等,他企图用"经济公社"取代马克思的"公共所有制"。恩格斯尖锐地指出,杜林的"经济公社"其实是小资产阶级在头脑中幻想的产物,他其实对生产和分工一无所知,完全走的是以前的老路子,"由于生产是完全依照从前的样式进行的,只是公社代替了资本家而已"①,杜林的理论完全是随心所欲的夸夸其谈,归根到底他维护的还是生产资料的私有制。

  不难发现,相较于那些公开为大资产阶级辩护的反对理论,小资产阶级社会思潮明显略胜一筹,这些小资产阶级社会主义者们天生适合表演,他们嘴上喊着要坚定与无产阶级站在一边共同对抗资产阶级,背地里却既想消灭资产阶级,又想消灭无产阶级,只留一个"中间阶级"——小资产阶级。他们不仅对资本主义私有制深感厌恶,也对马克思的"公共所有制"恨之入骨,他们所崇拜的只是一种相较于大私有制的小资产阶级私有制。他们认为社会的一切矛盾之源并不是资本主义制度,而是资本,因此他们认为,只要消灭资本,以一种新形式的、合理的小私有制代替现存的资本主义大私有制,社会的一切弊端就能迎刃而解。小资产阶级社会主义这种把

---

① 《马克思恩格斯文集》(第九卷),人民出版社2009年版,第287页。

资本主义私有制包裹在社会主义糖衣之下的隐晦做法，令理论素养不高、难辨真伪的工人群众一度深受荼毒。

马克思在《共产党宣言》中就斥责过："这种社会主义按其实际内容来说，或者是企图恢复旧的生产资料和交换手段，从而恢复旧的所有制关系和旧的社会，或者是企图重新把现代的生产资料和交换手段硬塞到已被它们突破而且必然被突破的旧的所有制关系的框子里去。它在这两种场合都是反动的，同时又是空想的。工业中的行会制度，农业中的宗法经济，——这就是它的结论。这一思潮在它以后的发展中变成了一种怯懦的悲叹。"也就是说，小资产阶级社会主义者倡导的不过是资本主义私有制，这种想法是极其落后、反动的。

（三）思想上：盲人摸象式的理论基调

小资产阶级社会主义作为一种反动的社会主义思潮，也并非是无源之水、无本之木，与任何理论一样，它也有自己的理论来源和理论参照。

首先，小资产阶级社会主义延续了空想社会主义思想。空想社会主义者的理论虽然在当时的条件下是不成熟的理论，但是不可否认的是，在批判资本主义制度方面，他们的许多阐述仍然或多或少包含着一些天才的萌芽和火花，如圣西门提出了"人人劳动"的原则，傅立叶大胆地呼吁"妇女的解放是衡量社会普遍解放的尺度"，欧文提出"和谐公社"等都反映了早期无产阶级利益的先声。同空想社会主义者们一样，小资产阶级社会主义者们也希望通过实验来建立理想社会，以一种完善的社会组织来代替国家，从而实现绝对的平等和自由，实行绝对平均主义的分配方式。同时他们都主张消灭资本主义私有制，但是与空想社会主义者们不同的是，小资产阶级所要消灭的只是大资产阶级私有制，他们的目的是建立一个为本阶级服务的小私有制，他们并不是真正想为无产阶级而斗争，仅仅是同情心使然。他们的理论主干来自空想社会主义思想，但也有肆意歪曲空想社会主义的嫌疑，这一点从杜林把伟大的空想社会主义者称为"社会炼金术士"就可以看出来。

其次，小资产阶级社会主义秉承黑格尔的唯心主义世界观。小资产阶级社会主义者们都习惯用形而上学的方法来论证自己的理论，如蒲鲁东"经济矛盾体系"的十个阶段推演以及对黑格尔"二律背反"公式的运用。同时小资产阶级社会主义者们趋之若鹜地加入了唯心史观的行列，他们忽视人民群众对历史的推动作用，蒲鲁东认为社会的历史仅仅是观念自我进化的结果，杜林则把到目前人类的全部历史归结为"人对人的奴役"。由此可见，小资产阶级社会主义者们的观点与马克思提出的"至今一切社会历史都是阶级斗争的历史"世界观是背道而驰的，他们关于"社会历史"的认识还囿于黑格尔的陈词滥调之中。

最后，小资产阶级社会主义秉承费尔巴哈的人本主义哲学。小资产阶级社会主义者们一定程度上汲取了"真正的社会主义"的思想，他们都反对暴力革命，主张通过对社会制度改良，力图通过阶级调和使资产阶级和无产阶级和睦相处，而暴力是原罪，是绝对的坏事，暴力革命只会使社会更加动乱。而马克思则指出，"暴力不是绝对的坏事，它在一定的社会历史条件下起着革命作用，是每一个孕育着新社会的旧社会的助产婆"①。由此可见,小资产阶级社会主义者们所信奉的理论原则是对科学社会主义原则的根本背离,他们所标榜的改良主义根本就是倒行逆施,只会令工人运动南辕北辙。

分析马克思主义与小资产阶级社会主义的斗争历史,可以清晰地发现,当马克思完成对空想社会主义、黑格尔唯心主义、费尔巴哈人本主义哲学的批判和超越之时,小资产阶级社会主义者们依然自得其乐地沉浸在这些理论所带来的柔情蜜意之中,他们看似破旧立新的理论探索,其实就是对各种社会主义理论的小修小补,其盲人摸象式理论基调注定了他们理论体系的狭隘性。

(四)组织上:空中楼阁般的无政府主义

作为在社会形态更替过程中备受排斥、发展受阻、日渐没落的阶级,小资产阶级社会主义者们得出结论,认为无论是资本主义还是共产主义都存在着严重的弊病。资本主义国家出现以后,非但没有帮助人们更好地管理社会,反而演变成了一种外在的权威。在这种权威统治之下,人们的自由得不到表达,诉求得不到解决,政府统治给人带来的不是自由和秩序,而是专制和压迫,这种权威根本就是资产阶级的政治统治工具,这种权威的存在是对人性的奴役和自由的压制,因此,它的存在根本是不合理的。基于对国家和政府等权威形式存在的不合理分析,小资产阶级社会主义者们企图在当下的社会生产关系中寻找一种将权威作用限制到最小,使自由得到充分发挥而又保障秩序稳定的理想政体。毫无疑问,小资产阶级社

---

① 《马克思恩格斯文集》(第九卷),人民出版社2009年版,第2页。

会主义者们心目中的理想政体就是没有国家、没有政府的"无政府主义"。小资产阶级社会主义者们为了实现对个体自由和平等的追求，维护本阶级的利益和地位，他们竭力主张立即消灭国家，用自由和秩序的联合体来代替一切权威形式，通过订立社会契约来维持社会秩序，使社会在无政府状态下仍可有条不紊地良性运行。为了证明这些方法和手段的合理性，一些小资产阶级的先进分子先后用自己的理论来宣示自己的立场，杜林的"共同社会"、拉萨尔的"自由国家"、蒲鲁东的"联邦制度"都表明了小资产阶级社会主义者们对于无政府主义的崇拜心理。

针对小资产阶级社会主义者不顾具体历史条件盲目地想要消灭国家，立刻实现无政府主义的急切心理，恩格斯明确指出，社会主义的实现不是一蹴而就的，国家的消除也不是随心所欲的，"只有在实现它的物质条件已经具备的时候，才能成为可能，才能成为历史的必然性"[①]。同国家的产生一样，国家的消亡也要经历一个完整的过程，在这个过程中，私有制将被消除，阶级和阶级对立也不复存在，社会将是一个自由人的联合体，人的自由终将实现。同时，恩格斯也指出，国家不是被消灭的，而是自行消亡的。由此可见，小资产阶级看到了国家终将消亡的历史趋势，但是他们却没有考虑历史的发展是一个循序渐进的过程，急切的利益驱使令他们跨越历史发展的阶段而对国家这种权威进行胡乱的否定，这种对无政府主义体制的孜孜以求和对国家意义的肆意抹杀完全是自说自话、卖弄教

---

① 《马克思恩格斯文集》（第九卷），人民出版社2009年版，第298页。

条，他们的主义根本就是超阶段的空想。正如列宁所说："无政府主义是绝望的产物。它是失常的知识分子或游民的心理状态，而不是无产者的心理状态。"①

---

① 《列宁选集》（第二卷），人民出版社2012年版，第218页。

第五章

列宁对小资产阶级思想的批判

在俄国这样的小资产阶级国家中，小资产阶级思想本就拥有滋生的丰沃土壤，以至于革命过程中的小资产阶级思想迭出，因此列宁在继承马克思和恩格斯观点的基础上，对形形色色的小资产阶级思想做了批判，既维护了无产阶级在革命中的领导地位，又巩固和发展了马克思主义。

一、对自由主义民粹主义思想的批判

在俄国，虽然19世纪80年代普列汉诺夫对民粹主义思想做了批判，但并未肃清其影响。80年代至90年代的自由主义民粹派抛弃了旧民粹主义的革命纲领，利用手中的合法刊物攻击马克思主义，挑起了同俄国社会民主党人的论战，列宁对民粹派的哲学社会学观点、经济理论、经济政策和政治纲领做了批判。

当米海洛夫斯基（民粹派代表人物之一）、谢·克里文柯先生们以"人民之友"思想和策略的表达者自居，以及对马克思主义做批判时，列宁不得不对其策略和思想进行考察。首先，米海洛夫斯基

<<< 第五章 列宁对小资产阶级思想的批判

否认马克思的唯物主义历史观，认为马克思没有关于唯物主义历史观的概括，他说："这样的著作是没有的。不仅马克思没有这样的著作，而且在全部马克思主义文献中也没有这样的著作，虽然这种文献数量很大，传播很广。"① 列宁以《资本论》的基本内容批判了米海洛夫斯基的这种"主观社会学"，以"社会经济形态的发展是一种自然历史过程"这个基本思想反驳了他的疑问，从而得出不能把工人的命运交给"人民之友"的结论。

其次，就反对俄国社会民主党人而言，米海洛夫斯基曲解了马克思主义，认为"马克思主义者对现实的理解同'人民之友'毫无区别，只是对未来的想法有所不同：他们大概完全不注重现在，而只注重'远景'"②，从而污蔑马克思主义者信奉历史公式的不可变易性。列宁将他的这种说法看作是捏造的谎言，明确指出"马克思主义者从马克思的理论中无疑地只是借用了宝贵的方法，没有这种方法，就不能阐明社会关系。所以他们在评判自己对社会关系的估计时，完全不是以抽象公式之类的胡说为标准，而是以这种估计是否正确和是否同现实相符合为标准的"③。另外，对于"人民之友"假装看不见俄国劳动者的痛苦，认为"这种状况仅仅有点'不大稳定'，只要'文化界'和政府做些努力，就可以把一切引上正道"④的观点，列宁回应，"社会民主党人告诉他们，这是不敢正视现实的

---

① 《列宁全集》第一卷，人民出版社1984年版，第103页。
② 《列宁全集》第一卷，人民出版社1984年版，第161页。
③ 《列宁全集》第一卷，人民出版社1984年版，第164页至165页。
④ 《列宁全集》第一卷，人民出版社1984年版，第166页。

可耻的怯懦心理。社会民主党人把这一剥削事实作为出发点，并说这一事实只能用俄国社会的资产阶级组织把人民大众分裂为无产阶级和资产阶级来解释，只能用俄罗斯国家这个无非是资产阶级统治机关的阶级性质来解释，因此，唯一出路就是无产阶级对资产阶级进行阶级斗争"[1]。与民粹派怯懦的逃避不同，列宁从人民被剥削的事实出发，说明了国家的性质，阐明了阶级斗争在解救苦难人民中的重要作用。

除此之外，列宁还批判了克里文柯对现实的错误看法，批判了民粹派将手工业劳动者受压迫的原因归结在生产关系之外（土地政策、赋税等）的观点，批判了克里文柯玩弄虚假的平均数，看不到小生产者正在完全分化（上等户变为资产阶级，下等户变为无产阶级）的现实，揭示了"克里文柯先生大谈什么人民的、真正的、正常的工业"说明的不过是"我国手工业无非是处于不同发展阶段的资本主义"[2]的事实而已，从而以实际证明了社会民主党对俄国现实的理解是正确的，证明了俄国需要资本主义将分散的小市场连接成全国性的大市场，使劳动者受大资本的支配，进而启迪工人的思想，将自觉的小骚动变为大规模的阶级斗争。

而且，列宁还对民粹派的"复兴人民经济"纲领做了深入的批判，针对民粹派提出的"扫除目前束缚村社的一切障碍，取消对村社的监护，过渡到共耕制（农业社会化），发展地里出产的原料的村社加工业""发放低利贷款，组织劳动组合式的经营，保障销路，使

---

[1] 《列宁全集》第一卷，人民出版社1984年版，第166页。
[2] 《列宁全集》第一卷，人民出版社1984年版，第186页。

企业主无利可得"以及"办博览馆、货栈、代理店"① 的步骤,列宁是这样批判的,他说:"你们仔细看看这个纲领,就会看出这班先生是完完全全站在现代社会的基地上(也就是说,站在资本主义制度基地上,不过他们没有意识到这一点),只想对这个社会修修补补、敷衍了事,而不懂得他们的这些进步办法,如低利贷款、技术改良、银行等,只能加强和发展资产阶级。"② 总之正如列宁所说,民粹派的这种纲领恰好表明了这个事实:"我们的小市民骑士恰恰想要保存农民同土地的'联系',但又不要农奴制,其实只有农奴制才保障过这种联系,而农奴制又被商品经济和资本主义摧毁了,已使这种联系无法存在了。他们想要这样一种外水,这种外水不会使农民离开土地,在为市场干活时不会产生竞争,不会造成资本,不会使广大居民受资本奴役。他们忠于社会学中的主观方法,想从这里和那里'采纳'长处,其实这种幼稚愿望自然只会造成忽视现实的反动梦想,使人无法理解并利用新制度真正进步的革命的方面,而去同情那种把半农奴制半自由的劳动的旧时美好制度(这种制度具有剥削和压迫的一切惨状而不可能给人以任何出路)永恒化的措施。"③

从以上论述中我们能够知道,在列宁看来,无产阶级的社会主义思想和民主主义者的思想之间存在着无法跨越的鸿沟,俄国社会主义者"早就应该懂得同民主主义者的思想完全和彻底决裂的必然

---

① 《列宁全集》第一卷,人民出版社1984年版,第203页。
② 《列宁全集》第一卷,人民出版社1984年版,第204页。
③ 《列宁全集》第一卷,人民出版社1984年版,第208页。

性和绝对的必要性了"①。因此,面对这种思想"已经丧失了任何完整的理论基础,堕落成了可怜的折中主义,堕落成了最平庸的文化派机会主义的纲领"②的现实,列宁做出了"必须同整个小市民社会主义思想、同整个旧时俄国农民社会主义思想决裂的结论"③。

应当注意,列宁说的是要和小市民的社会主义思想决裂,因为"所有这些理论根本没有说明劳动者受剥削的原因,因而绝对不能有助于劳动者的解放,其实所有这些理论都是反映和拥护小资产阶级利益的;如果我们懂得这一点,那我们就一定会用另一种态度对待它们"④。也就是说,马克思主义者否定小市民理论时,只否定其理论具有任何社会主义性质,而不排斥其中的民主主义,反而要求更加坚持民主主义。比如,对于小市民社会主义代表人物关于夺取土地、减少税款等民主要求,社会民主党是完全支持和赞同的。

尽管列宁辩证地分析了民粹主义,肯定了其中民主方面的合理成分,可民粹主义始终是一种错误的思潮,它阻碍了革命的发展和无产阶级的发展。首先,民粹派否认历史唯物主义的科学性,始终认为资本主义并不是每一个国家必然要经历的发展阶段,俄国能够通过村社制度直接进入社会主义;其次,他们认为在现实中俄国资本主义的发展没有根基和生命力,歪曲马克思主义,造成了社会思想的混乱;最后,民粹派的村社社会主义传播甚广,影响了农民对

---

① 《列宁全集》第一卷,人民出版社1984年版,第236页。
② 《列宁全集》第一卷,人民出版社1984年版,第251页。
③ 《列宁全集》第一卷,人民出版社1984年版,第251页。
④ 《列宁全集》第一卷,人民出版社1984年版,第252页。

马克思主义的接受，所以列宁对于这种反动的思想是不会"手下留情"的，是一定会从各方面进行批判的，结果是民粹派的幻想会被毫不留情地戳破。

例如，对于某些人所做的那些狡辩——"假如民粹派在自己的实际措施中，违背自己的意志，不自觉地去为小资产阶级的发展，因而也是为整个资本主义的发展效劳，那么，原则上承认资本主义的发展是一种进步过程的人们，为什么还要抨击民粹派的纲领呢？"①，列宁做出了这样的回击，他说："由于思想外衣有错误或者——说得温和些——值得争论，就去抨击实际上是有益的纲领，这是否有道理呢？要知道谁也不会否认技术教育、信贷、生产者的协作社和联合组织的'好处'。这种反驳意见并不是虚构的。它们常以这种或那种形式、这种或那种理由，来回答我们对民粹派的论战。就假定这些反驳意见是对的，那也丝毫不能驳倒下面这一点：单是给小资产阶级的空洞计划披上极为崇高的、医治社会的万应灵药的外衣，就会给社会带来极大的害处。"② 也就是说，列宁表明，尽管民粹派的某些措施有利于资本主义的发展，但单单就民粹派为其空洞计划披上"万灵药"的外衣，就丝毫不能放弃对其的批判。

总之在列宁眼中，民粹主义是反动的、落后的思潮，它们不能正确理解马克思主义，无法洞察历史的发展规律，无法理解小生产方式的落后性，因此被困在了小资产阶级的牢笼中不得解脱。民粹主义者们不仅在这个牢笼中批判资产阶级，而且反对社会民主党的

---

① 《列宁全集》第二卷，人民出版社1984年版，第322页。
② 《列宁全集》第二卷，人民出版社1984年版，第322页。

主张，妄想通过村社制度到达社会主义，在经济、政治、思想方面表现得极为落后、反动。

二、对经济浪漫主义的批判

为了彻底批判民粹派的经济理论，列宁还从小资产阶级民粹派的经济思想渊源——经济浪漫主义入手，力图从思想渊源处打破这种经济浪漫主义的"变种"。

列宁在《评经济浪漫主义》中，首先就说明了正确认识、评价西斯蒙第（经济浪漫主义的代表之一）的重要性，列宁说："从本世纪初开始写作的瑞士经济学家西斯蒙第，对解决俄国目前特别突出的一般经济问题，具有特殊的意义。除此以外，西斯蒙第处于主要思潮之外，他在政治经济学史上占有特殊地位；他热烈拥护小生产，反对大企业经济的维护者和思想家（正像现代俄国民粹派反对他们一样）。[1]"西斯蒙第的这种反对大企业经济，主张小生产的经济思想被俄国民粹派所接受，而且在接受的过程中还被理想化了，以这种经济思想为"目标"，试图将俄国引到这个方向上来。为了民主革命的前途，列宁不得不对经济浪漫主义这个思想渊源做一个详细的批判，以此来打破民粹派的（这种将小生产方式理想化的）幻想。

首先，列宁批判了民粹派所谓"资本主义在俄国没有国内市场"的说法。西斯蒙第是这样解释生产与人口的关系的，他说："工农业

---

[1] 《列宁全集》第二卷，人民出版社1984年版，第102页。

中的大企业经济和雇佣劳动的发展,使生产必然超过消费而面临寻找消费者这一无法解决的问题;它在国内不可能找到消费者,因为它把大量居民变成日工和普通工人,造成失业人口;而要寻找国外市场,则因新兴资本主义国家登上世界舞台而日益困难。"[1] 西斯蒙第以小生产者的破产证明国内市场的缩小,认为大企业经济所制造的商品无法在国内找到买主,只好去国外寻找,但是新兴资本主义国家的发展使得国外市场的开拓极为困难,从而提出以"均衡的分配才能造成市场"的论断(这和民粹派的经济主张一样)。实际上,列宁一箭双雕地指出,西斯蒙第虽然认识到了资本主义的问题,认识到了资本主义经济的市场问题,但他却没有分析那些适合资本主义的条件,而以小资产阶级观点和小资产阶级空想来作为应对资本主义的良方。不幸的是,西斯蒙第的这种错误正好又被民粹派照搬过来了,要将这种过时的理论用在俄国的革命中。

其次,列宁也看到了这样的现实——西斯蒙第用来反对资本主义的可能性及其发展的论据并不局限于此,他关于收入的学说同样得出了这样的结论。所以列宁还分析了西斯蒙第的收入学说,列宁明确指出,西斯蒙第关于收入的学说"完全抄袭了亚当·斯密的劳动价值论和关于三种收入即地租、利润和工资的理论",但是"他企图把新创造的产品分为额外价值和工资这种做法,同社会收入和国内市场的理论、同资本主义社会产品的实现联系起来"[2] 就更是一种后退。列宁还认为,在阐述该学说的过程中,西斯蒙第并未弄清

---

[1] 《列宁全集》第二卷,人民出版社 1984 年版,第 105 页。
[2] 《列宁全集》第二卷,人民出版社 1984 年版,第 111 页。

收入、生产及消费的概念和相互关系，他不懂得产品实现的基本规律，不善于将产品按价值分为三部分（而不是两部分），按物质形态分为两种（生产资料和消费品），从而他只能得到"在资本主义社会中额外价值不能实现；社会财富不能发展；由于额外价值在国内不能实现，必须寻求国外市场；最后，似乎正是由于产品不能在工人和资本家的消费中实现，才引起危机"①的错误结论。因此借用马克思和恩格斯的原话——"西斯蒙第曾专门研究资本和收入的关系，但事实上把对这种关系的特别说法当成他的《新原理》的特征。他没有说出一个科学的字眼，对于问题的说明，没有做出一丝一毫的贡献"②——就能够批判西斯蒙第这种无意义的荒谬学说。

除此之外，列宁还批判了西斯蒙第用小资产阶级的道德代替具体分析的方法，就比如对西斯蒙第关于积累的学说，列宁也做了深入的批判，他说："现在我们可以充分评价西斯蒙第的积累观点了。他断言迅速的积累会导致灾难，这和他多次提出的生产不能超过消费，因为消费决定生产的声明和要求一样，完全是错误的，完全由于他不懂得积累。事实上正好相反，西斯蒙第只不过避开了具有特定的历史形式的现实，用小资产阶级的道德来代替分析。"③另外，列宁还发现了这样的事实：西蒙斯第这样的经济浪漫主义者不仅在积累方面以小资产阶级的道德来代替具体分析，在关于国外市场的分析上也是如此。因此列宁义正词严地指出，"浪漫主义者对国外市

---

① 《列宁全集》第二卷，人民出版社1984年版，第116页。
② 《列宁全集》第二卷，人民出版社1984年版，第124页。
③ 《列宁全集》第二卷，人民出版社1984年版，第126页。

场的错误理解，往往是与他们对该国资本主义的国际状况的'特点'、寻找市场的不可能性的说明分不开的；所有这些论据都是要资本家'放弃'寻找国外市场"①，可实际上，"浪漫主义者并没有真正分析该国的对外贸易、它在新市场方面的进展以及它的殖民活动等。浪漫主义者对研究和说明实际过程毫无兴趣，他们需要的只是反对这一过程的道德"②。

最后，列宁也指出了这样的情况——在资本主义地租和过剩人口方面，西斯蒙第亦放弃了具体的分析，而是以小资产道德来代替科学的分析（比如，他简单地说"穷人愈是丧失各种财产，就愈会弄不准自己的收入，愈会增加下面这些人的数目，这些人与劳动的需求不相适应，因而找不到生活资料"③）。因此列宁对此做了中肯的评价，在人口过剩方面，尽管"西斯蒙第指出了这些矛盾，指出了机器排挤人的现象。指出这一点是他的无可争辩的功绩，因为在他写作的时代，指出这一点是一个新发现"④，但"西斯蒙第不打算分析这个矛盾，不打算考察它是怎样在该资本主义社会中形成的，它会引起什么结果，等等。他没有这样做。他只是把这个矛盾用作自己痛恨这种矛盾的材料。这一章后面的所有内容，在这个理论问题上，根本没有提出任何东西，只有一些怨言、牢骚和天真的愿望"⑤。所以，事实上民粹派所借鉴的西斯蒙第的"人口过剩"理论

---

① 《列宁全集》第二卷，人民出版社1984年版，第134页。
② 《列宁全集》第二卷，人民出版社1984年版，第135页。
③ 《列宁全集》第二卷，人民出版社1984年版，第152页。
④ 《列宁全集》第二卷，人民出版社1984年版，第147页。
⑤ 《列宁全集》第二卷，人民出版社1984年版，第147页。

关于小资产阶级问题：从马克思到列宁 >>>

"根本没有提出任东西"①，它只限于确认人口过剩这个事实，也只是利用这个事实来埋怨和控诉资本主义，并不会对过剩人口与资本主义生产的要求做出具体的分析。这也间接说明了，在人口过剩方面的看法直接证明了西斯蒙第"这位小资产阶级思想家不仅想阻止整个社会的发展，以便维护半野蛮人的宗法关系，他还要不择手段地摧残人性，以便能保全小资产阶级"②的反动企图。

除了对以上论点的批判，列宁还对西斯蒙第关于机器的作用、保护关税政策做了具体的分析。总之在全面分析经济浪漫主义的论点之后，列宁指出了西斯蒙第在政治经济学中总的作用："我们看到，西斯蒙第处处都绝对忠于自己，他的观点始终是不变的。他在各方面不同于古典学派的，是他指出了资本主义的矛盾。这是一方面。另一方面，他不能（而且也不想）在任何一点上把古典学派的分析推进一步，因此只限于从小资产者的观点出发，对资本主义进行感伤主义的批评。这种以感伤主义的申诉和抱怨来代替科学分析的做法，决定了他的见解是非常肤浅的。"③也就是说，列宁认为，一方面西斯蒙第指出了资本主义的矛盾，批判了资本主义，可另一方面，这种批判却是感伤主义的抱怨，并不是科学的分析。

列宁还进一步总结了浪漫主义的小资产阶级性，他说："把小生产理想化，向我们表明了浪漫主义和民粹主义批评的另一个特点，即这种批评的小资产阶级性。我们看到，法国和俄国的浪漫主义者

---

① 《列宁全集》第二卷，人民出版社1984年版，第151页。
② 《列宁全集》第二卷，人民出版社1984年版，第151页。
③ 《列宁全集》第二卷，人民出版社1984年版，第167页至第168页。

<<< 第五章 列宁对小资产阶级思想的批判

都同样把小生产当作一种'社会组织',一种'生产形态',并把它同资本主义对立起来。我们也看到,这种对立只不过说明他们的了解极端肤浅,这是人为地不正确地把商品经济的一种形式(大工业资本)分离出来加以斥责,而把同一商品经济的另一种形式(小生产)加以乌托邦式的理想化。"① 所以,在这种小资产阶级观念的基础上,"西斯蒙第的实际愿望的出发点是保护、阻滞和限制"②,力图将"恢复古代宗法式环境的条件移到充满疯狂竞争和利益斗争的大机器工业时代"③,这种做法在列宁看来只不过是"复活过去"的反动空想罢了。

在具体分析了民粹派的思想渊源——经济浪漫主义之后,列宁理直气壮地指出,和小资产阶级浪漫主义同类别的民粹派的理论是小资产阶级的和反动的理论,"当俄国资本主义及其固有的矛盾还不够发展的时候,这种对资本主义的粗浅批判还能站得住。但是民粹主义绝对不能满足俄国资本主义当前的发展,不能满足我们关于俄国经济历史和现实的知识的现状,不能满足当前对社会学理论提出的要求。民粹主义在当时是一种进步现象,因为它第一次提出了资本主义问题,而现在则成为一种反动的和有害的理论,因为它使社会思想发生混乱,助长停滞现象和各种亚洲式的东西"④。

总之,列宁批判了经济浪漫主义的理论错误,阐明了资本主义

---

① 《列宁全集》第二卷,人民出版社1984年版,第189页。
② 《列宁全集》第二卷,人民出版社1984年版,第204页。
③ 《列宁全集》第二卷,人民出版社1984年版,第206页。
④ 《列宁全集》第二卷,人民出版社1984年版,第407页。

153

生产方式的历史进步意义（这和资本主义生产方式的历史暂时性并不冲突），承认了资本主义道路的现实性和进步性，以此进一步批判民粹派的经济思想和政治主张。但在批判民粹派思想及其思想渊源（经济浪漫主义思想）时，列宁并非是"一网打尽"抹杀民粹派思想所倡导的民主主义要求，而是有支持的（"支持小资产的民主主义要求决不等于支持小资产阶级"），但就整个反动理论体系而言，列宁是反对的、批判的。

三、对机会主义的批判

列宁详读了马克思和恩格斯的著作，深入解读了马克思和恩格斯对机会主义的分析和批判，并在此基础上对垄断资本主义阶段再次泛起的国际机会主义和俄国机会主义做了批判。

（一）对国际机会主义的批判

在马克思和恩格斯对机会主义批判基础上，列宁对机会主义的不同形式做了批判。关于国际机会主义，1912年列宁为批判国际机会主义写了《在瑞士》《英国关于自由派工人政策的争论》《在美国》等一批文章，揭示了英美工人运动中机会主义的根源。1913年，列宁接着又写了《在英国（机会主义的悲惨结局）》《"英国社会党"代表大会》《揭露英国机会主义者》等一系列文章，旨在揭露英国工人运动中机会主义的历史根源和工人组织中改良主义首领们所推行的同资产阶级合作政策的危险性，以此使俄国工人从英国机会主义者的背叛行为中了解机会主义和自由派工人政策的危害性。英国的右倾机会主义者倡导改良主义和阶级合作，而后又出现了教条主义、宗派主义和无政府工团主义，使得英国出现"大型群众组织中缺乏社会主义思想，而社会主义组织中却人数寥寥"①的局面。列宁首先揭示了帝国主义的两大基本特征："一是拥有极广大的殖民地；二是拥有垄断利润。"②恩格斯在1859年10月7日给马克思的信中又指出"英国工人阶级实际上日益资产阶级化了"③，揭露了英国右倾机会主义的本质和起源。而后，列宁做了大量艰苦细致的工作，对英国共产主义运动中的"左"倾错误进行批判和教育，强调成立统一的英国共产党具有压倒一切的重要性，对反对建立统一的共产党的宗派主义提出了严厉批评。1919年8月28日，列宁在给工人社会主义联盟领袖西尔维娅·潘克赫斯特（Sylvia Pankhurst）的回信中指出，如果英国社会党中一些忠诚的布尔什维克由于在是否参加议会问题上与其他一些派别发生歧见，而拒绝与他们一起组成共产党，那么"这些布尔什维克所犯的错误要比拒绝参加英国资产阶级议会选举的错误大一千倍"④。1920年他在《共产主义运动中的左派幼稚病》一文中再次强调了战斗的工人阶级成立共产党的重要性，并指出"没有铁一般的在斗争中锻炼出来的党，没有为本阶级一切正直的人所信赖的党，没有善于考察群众情绪和影响群众情绪的党，要顺利进行这种斗争是不可能的"⑤。总之，列宁对英国机会

---

① James Klugmann, *History of the Communist Party of Great Britain. Volume One*: *Formation and Early Years*, 1919—1924, London: Lawrence & Wishart Ltd, 1969, p. 15
② 《列宁选集》（第二卷），北京：人民出版社，2012年版，第710页。
③ 《马克思恩格斯选集》（第四卷），北京：人民出版社2012年版第434页。
④ 《列宁全集》第三十七卷，北京：人民出版社，1986年版，第156页。
⑤ 《列宁选集》第四卷，北京：人民出版社，2012年版，第154页。

主义的批判和教育，推动了英国共产主义运动的发展。

列宁关于国际机会主义的文章很多，比如：《战争和俄国社会民主党》《第二国际的破产》《社会主义与战争》等，这些著作阐明了无产阶级政党在战争条件下革命的行动路线，批判露骨的和隐蔽的社会沙文主义，特别是考茨基主义，清算第二国际机会主义领导的背叛行径，为联合各国左派力量、重建国际奠定了思想政治基础。在这些文章中，列宁也借鉴了马克思和恩格斯对机会主义的批判。

在《怎么办？》中，列宁揭示了国际机会主义的表现，认为"现代国际机会主义的同一的社会和政治内容，依各国的民族特点而表现为各种不同的形式。在某一个国家里，一批机会主义者早已独树一帜；在另一个国家里，机会主义者忽视理论，而在实践中推行激进社会党人的政策；在第三个国家里，革命政党的一些党员投奔到机会主义营垒中去，他们不是进行维护原则和维护新的策略的公开斗争，而是采取渐渐地、悄悄地、可以说是不受惩罚地败坏自己的党的办法，来力求达到自己的目的；在第四个国家里，同样的倒戈分子，在黑暗的政治奴役之下，在'合法'活动和'不合法'活动的相互关系非常独特的情况下，运用着同样的方法等。说什么批评自由和伯恩施坦主义自由是俄国社会民主党人统一起来的条件，又不分析俄国伯恩施坦主义究竟表现在什么地方和产生了怎样特殊的结果，这就等于是，说话是为了什么也不说"[①]。也就是说，国际机会主义的表现形式依据各国特点而不同，有些采取激进的办法，

[①]《列宁选集》第一卷，人民出版社1972年版，第302页。

有些采取缓和的办法，以不同的方法来达到自己的目的。

在第二国际存在的整个时期，每个社会民主党内都进行着革命派和机会主义派的斗争。这一斗争在许多国家引起了分裂（如英国、意大利、荷兰、保加利亚）。在帝国主义战争时期，基本上每个马克思主义者都承认："机会主义代表着工人运动中的资产阶级政策，代表着小资产阶级的利益，代表着一小部分资产阶级化了的工人同'自己的'资产阶级结成的联盟的利益，而反对无产者群众、被压迫群众的利益"①。即马克思主义者看到了这个事实——第二国际中存在拥护帝国主义战争、拥护小资产阶级利益的机会主义者。那之后，这些机会主义者又是怎样成为社会沙文主义的支柱呢？列宁也对此做了说明：首先，是因为19世纪末本身就有小资产阶级"同路人"进入社会民主党的客观条件。其次，"战争加速了发展进程，使机会主义变成了社会沙文主义，使机会主义者同资产阶级的秘密联盟变成了公开的联盟，同时军事当局到处实行戒严，压制工人群众，工人群众原来的领袖几乎全部倒向资产阶级"②。也就是说，很多小资产阶级"同路人"涌入社会民主党内。随着战争的发展，这些涌入党内的机会主义者因小资产阶级利益而倒向社会沙文主义，又因为军事的压制、利益的趋同，不可避免地使工人群众的领导阶层也转换了阵营。在这个转变的过程中，列宁发现了双方的"共同之处"，一是"机会主义和社会沙文主义的经济基础是同一个，那就是人数

---

① 《列宁选集》第二卷，人民出版社1972年版，第521页。
② 《列宁选集》第二卷，人民出版1972年版，第521页。

很少的特权工人阶层和小资产阶级的利益"①；二是"机会主义和社会沙文主义的思想政治内容是同一个，那就是用阶级合作代替阶级斗争，放弃革命的斗争手段，帮助'自己的'政府摆脱困境，而不是利用它的困难推进革命"②。这种社会沙文主义就是国际机会主义，它是拥护帝国主义的，他们所捍卫的"是自己的特权地位，是从'自己'国家的资产阶级靠掠夺其他民族、靠它的大国优越地位等而攫取的利润中分得一点油水的'权利'"③，而国际马克思主义是反对帝国主义的，是坚持阶级斗争的，是坚持以革命的斗争手段推进革命的。

（二）对俄国机会主义的批判

在马克思主义同俄国工人运动相结合的过程中，俄国马克思主义运动和工人运动就没有中断过同机会主义派的斗争。如1895—1902年马克思主义者即火星派同经济派进行斗争，1903—1908年布尔什维克派同孟什维克派进行斗争，1908—1914年取消派同马克思主义者进行斗争，等等。无产阶级政党就是在同机会主义的斗争中成长起来的，列宁关于无产阶级政党的建设理论也是在此过程中不断发展、完善的。

1. 对经济派机会主义的批判

经济派机会主义对政治任务的理解是狭隘的，对工人阶级政党的作用是不甚了解的。例如，《工人事业》在1900年就已发表过这

---

① 《列宁选集》第二卷，人民出版社1972年版，第521页。
② 《列宁选集》第二卷，人民出版社1972年版，第521页。
③ 《列宁选集》第二卷，人民出版社1972年版，第521页。

样的观点:"经过一次罢工,或者最多经过几次罢工以后","只要政府出动警察和宪兵","当前的政治要求就会成为群众所能理解的要求了";之后"联合会将这个机会主义的阶段论推翻而退一步地说'根本不必要从一开始就只在经济基础上进行政治鼓动'"①。再之后马尔丁诺夫又向社会民主党提出"赋予经济斗争本身以政治性质"的任务。这种经济派机会主义的观点受到了列宁的强烈批判,他气愤地呐喊道:"我们的'经济派'把社会主义贬低到怎样的地步了!"②接着又指出了他们的错误:"'赋予经济斗争本身以政治性质'这句漂亮话,听起来'极端'深奥,'极端'革命,其实却掩盖着那种力求把社会民主主义的政治降低为工联主义的政治的传统意图!他们表面上是要纠正《火星报》的片面性,说《火星报》'把教条的革命化看得高于生活的革命化',而实际上却把争取经济改良的斗争当作一种新东西奉送给我们。其实,'赋予经济斗争本身以政治性质'这句话的含义不过是争取经济改良而已。"③列宁认为,这种"不需要经济斗争"或者"将经济斗争看作政治斗争"的经济派机会主义的观点,其实是试图以争取改良的方式将党拉向后退,是党要坚决反对并给予批判的。

针对经济派将阶级间的一切斗争都看作政治斗争的观点,列宁在《论自由主义的和马克思主义的阶级斗争概念》中有着更为详细的阐述和批判。首先他阐述了经济派对阶级斗争的理解,他说"'经

---

① 《列宁选集》第一卷,人民出版社1972年版,第345页。
② 《列宁选集》第一卷,人民出版社1972年版,第345页。
③ 《列宁选集》第一卷,人民出版社1972年版,第347页。

济派'认为，阶级之间的任何冲突都是政治斗争"①，因此经济派承认为争取每个卢布增加5戈比的斗争是"阶级斗争"（经济斗争是阶级斗争），"却不愿看到更高级的、更发达的、全民族的为政治而进行的阶级斗争"②。也就是说，经济派只承认萌芽状态的经济斗争是阶级斗争，而不愿承认更发达阶段的政治斗争属于阶级斗争的范畴，这样的话，"经济派"不可避免地就沦为自由主义的工人政治家了。

因此，列宁不仅将社会民主党内经济派机会主义的政治实质归结为这样的纲领："工人进行经济斗争，自由派进行政治斗争"③，而且还指明了它的主要理论基础是所谓的"合法马克思主义"或"司徒卢威主义"，这种主义所"承认"的是完全抹掉了任何革命性而合乎自由派资产阶级需要的"马克思主义"。所以在现实中，经济派往往"借口俄国工人群众落后，希望'和群众一道前进'，而把工人运动的任务和范围局限为进行经济斗争和在政治上支持自由派，他们没有给自己提出独立的政治任务和任何革命任务"④。也就是说，在那样的纲领和理论指导下，经济派在现实中试图以工人落后为借口来联合一切阶级，试图将工人运动限制在经济斗争之中，而将政治任务和革命任务交于自由派，试图将工人变为自由派的"尾巴"。

另外，经济派和"手工业方式"也是有联系的。列宁指出，

---

① 《列宁选集》第二卷，人民出版社1972年版，第322页。
② 《列宁选集》第二卷，人民出版社1972年版，第323页。
③ 《列宁选集》第二卷，人民出版社1972年版，第543页。
④ 《列宁选集》第二卷，人民出版社1972年版，第543页。

"'手工业方式'这个概念,除了表示缺乏修养之外,还有别的含义,即整个革命工作规模狭小,不懂得在这种狭小的工作基础上是不能形成良好的革命家组织的,最后,也是最重要的一点,就是企图为这种狭隘性辩护,把它上升为一种特殊的'理论',也就是说在这一方面也崇拜自发性。这种企图一露头,无疑就说明手工业方式是同'经济主义'有联系的,就说明我们如果不摆脱一般'经济主义'观点(即对于马克思主义理论、对于社会民主党的作用及其政治任务的狭隘见解),就不能摆脱我们组织工作的狭隘性"①,因此就需要在现实中"建立一个能使政治斗争具有力量、具有稳定性和继承性的革命家组织"②,来"推翻"这种经济主义的观点。

总之,经济主义将经济斗争看作阶级斗争,忽视政治斗争是更高的阶级斗争的事实,试图迷惑工人,使工人在政治上服从于自由派,这种荒谬的小资产阶级思想是被列宁所唾弃、批判的。

2. 与孟什维克派机会主义的批判

随着革命不断发展,党内出现了孟什维克机会主义派别,列宁在《进一步,退两步》中对它做了详细的(纲领上的、组织上的、策略上的)批判。在对机会主义的批判过程中,他指出了机会主义的特征,即"模棱两可,含糊不清,不可捉摸。机会主义者按其本性来说总是回避明确地肯定地提出问题,谋求不偏不倚,在两种互相排斥的观点之间像游蛇一样蜿蜒爬行,力图既'同意'这一观点,又'同意'另一观点,把自己的不同意见归结为小小的修正、怀疑、

---

① 《列宁选集》第一卷,人民出版社1972年版,第386页。
② 《列宁选集》第一卷,人民出版社1972年版,第386页。

天真善良的愿望等"①。例如，在纲领问题上，"爱德·伯恩施坦同志是'同意'党的革命纲领的"，可"他本来显然想'根本改良'这个纲领，但是他认为这样做是不合时宜的，是不适当的，还不如阐明'批判'的'一般原则'来得重要"②；在策略问题上，"冯·福尔马尔同志也是同意革命社会民主党的老的策略的，也是多半只限于唱唱高调，提出小小的修正，讲几句风凉话，而根本不提出任何明确的'内阁主义的'策略"；在组织问题上，"他们的'原则'立场，也就来得五花八门：多半是唱一些所谓专制和官僚主义、所谓盲目服从、小螺丝钉和小轮子等幼稚的动听的高调"③。在列宁看来，机会主义在组织上的工作"也像在我们的纲领和我们的策略方面一样无能为力地屈从于资产阶级心理，一样不加批判地接受资产阶级民主派的观点，一样削弱无产阶级的阶级斗争的武器"④。总的来看，孟什维克机会主义既不完全同意党的纲领，却又不敢明确提出自己的纲领；既不会完全同意党的革命策略，又无法明确提出小资产阶级的策略，完全处在战战兢兢的摇摆状态之中。

1906年10月18日，列宁在《事后聪明的俄国激进派!》中再次指出了机会主义的特征，他说："机会主义者的典型特征就是：迁就一时的情绪，没有反时髦的能力，政治上近视和无骨气。机会主义就只顾党的短暂的、一时的、次要的利益而牺牲党的长远的根本

---

① 《列宁选集》第一卷，人民出版社1972年版，第515页。
② 《列宁选集》第一卷，人民出版社1972年版，第516页。
③ 《列宁选集》第一卷，人民出版社1972年版，第516页。
④ 《列宁选集》第一卷，人民出版社1972年版，第526页。

的利益。工业稍有高涨，商业略呈繁荣，资产阶级自由派稍见活跃，机会主义者就大叫大嚷：不要吓住资产阶级，不要回避资产阶级，抛弃社会革命的'空谈'吧！杜马一召开，吹来一阵警察立宪的'春风'，机会主义者就把杜马称为政权，赶紧咒骂'有害的'抵制，急忙提出支持成立杜马内阁即立宪民主党内阁要求的口号。浪潮一退，机会主义者又同样真诚地、同样莫名其妙地开始'骂'立宪民主党人和谴责立宪幻想。"[①] 在列宁看来，机会主义者在政治上软弱、近视，看不到党的长远利益和根本利益，随眼前现实而摇摆不定，（在革命处于高潮，民主党处于活跃时）时而左倾，（在革命处于低潮，自由派占上风时）时而右倾。在这里就能够断言，一旦党内这种知识分子占统治地位，党的革命政策就实现不了。因此"觉悟的无产阶级应当善于批判地对待站到无产阶级方面来的知识分子，应当学会同政治上的机会主义作无情的斗争"[②]，而不是任由这些摇摆、胆怯的机会主义分子领导革命。

机会主义者总是试图抹杀阶级斗争，在《革命界的小市民习气》中，列宁就看到了机会主义者抹杀阶级斗争的事实。当资产阶级自由派主张将无产阶级革命变为全民族革命时，"自然，由此便得出不彻底的社会民主党机会主义的口号……由此也产生出彻底的社会民主党机会主义的口号：为召开立宪会议而斗争是荒诞不经的，因为要求召开立宪会议'必定会使无产阶级陷于政治孤立'，超出'全

---

① 《列宁全集》第十四卷，人民出版社1988年版，第36页。
② 《列宁全集》第十四卷，人民出版社1988年版，第37页。

民族的资产阶级革命'的范围,等等"①,机会主义者往往借助资产阶级自由派所倡导的"全民族革命"来批判"斗争",试图抹杀阶级界限。在抹杀阶级斗争的过程中,机会主义者常常会"把工人运动和阶级斗争了解为布伦坦诺式或希尔施—敦克尔式的东西。换句话说,他们完全愿意把罢工和结社的自由(事实上是工人自己差不多已经争得的自由)'奉送给'工人,只要工人抛弃'骚乱主义',抛弃'狭隘的革命主义',不再仇视'实际有益的妥协',不再追求和渴望给'俄国全民革命'刻上自己的阶级斗争的标记,刻上无产阶级彻底性、无产阶级坚决性、'平民雅各宾主义'标记"②。在列宁看来,这种试图抹杀阶级斗争的机会主义思想和口号,并不应该被革命的社会民主党人所承认,他为此做出过这样的劝诫,"我们不应当谈论太一般的太容易遭到资产阶级歪曲的关于'全民族的资产阶级革命'的言论,而应当分析一定的阶级和政党在各个不同的革命时期的具体地位"③。也就是说,列宁十分反感机会主义者模糊"阶级界限",反对"阶级斗争",他希望社会民主党能够始终站在无产阶级的立场,始终采取阶级分析方法分析革命及其革命中的阶级和政党。

1906年11月,列宁在《同立宪民主党化的社会民主党人的斗争和党的纪律》中还批判了机会主义关于同立宪民主党结成联盟的机会主义思想,他认为,"容许同立宪民主党结成联盟,彻底暴露了

---

① 《列宁全集》第十四卷,人民出版社1988年版,第51页。
② 《列宁选集》第一卷,人民出版社1972年版,第623页。
③ 《列宁全集》第十四卷,人民出版社1988年版,第51页。

孟什维克是工人政党中机会主义一翼的面目。为了反对同立宪民主党结成联盟,我们正在开展而且必定要开展最广泛、最无情的思想斗争"①,并且要将这种无情的思想斗争同无产阶级政党的纪律结合起来。接着,12月列宁又在《孟什维的危机》中再次批判了(机会主义者)拉林的这种错误,当拉林提出工人代表大会"摘掉招牌",同社会革命党和工会合并时,列宁认为合并会使工人代表大会成为机会主义者的代表。正因为合并"工人代表大会现在成了机会主义的卑微的冒险。说它卑微,是因为这里面没有任何高大的思想,只有知识分子对进行保卫马克思主义的顽强斗争表示的厌倦。说它机会主义,也是同一个原因,还因为数以千计的远没有最后定型的小资产者会涌进工人政党。说它冒险,是因为在现实条件下这种尝试带来的不会是和平,不会是积极的工作,不会是社会革命党人和社会民主党人的合作(拉林殷勤地拉他们充当'广泛的政党内的宣传团体'的角色),而只会是斗争、纠纷、分裂、思想混乱和实际工作中的涣散现象的无限扩大"②。列宁深谙机会主义者已经厌倦了保卫马克思主义的斗争,他们(机会主义者)主张"联盟"或"合并"的企图会使得小资产阶级观点大量涌入党内,使党内变得涣散、混乱不堪,甚至会使得社会民主党转向资产阶级方面。因此,列宁对此的批判就是要揭示这样的现实:机会主义者的观点是抛弃马克思主义原则的懒散的小资产阶级观点,这种观点只会带来混乱、斗争、分裂,只会使得社会民主党的力量大大削弱、立宪民主党和社会革

---

① 《列宁全集》第十四卷,人民出版社1988年版,第121页。
② 《列宁全集》第十四卷,人民出版社1988年版,第162页至第163页。

命党得以大大增强。以此来告诫社会民主党即使"在革命低潮,即资产阶级完全变节的基础上,我们无论如何不仅不同机会主义的资产阶级,甚至也不同革命的资产阶级结成任何联盟"①。

再者,在选举中机会主义者会因为瓜分席位而与(工人政党)相脱离。面临机会主义带来的分裂,列宁气愤地指出,"任何一个珍惜无产阶级政党的荣誉和光荣称号的社会民主党人,从这里只能得出一个结论:必须无情地同彼得堡的孟什维主义作战。我们应当让工人擦亮眼睛,认清这些人的面目,认清这些人是用立宪民主党式的政策迫使工人们放弃社会主义而投向革命的资产阶级的"②,面对机会主义者损害无产阶级荣誉的可耻行径,无产阶级必须要给予斗争,要认清他们的面目和手段。因为这些机会主义者可能会葬送胜利。"社会革命党在涅瓦区、莫斯科区和维堡区的胜利"③ 就证明了这一点,"他们获胜的原因,就是社会民主党的机会主义者在先进的无产阶级面前败坏了社会民主党的威信"④,因此为了扭转局面,在选举过程中就要"在全体初选人面前采取了革命的社会民主党的策略,而不是机会主义的社会民主党的策略"⑤。

列宁在《论机会主义的策略》中更进一步地揭露了机会主义策略的实质,他认为"机会主义策略的实质也正在于为了自由派那种

---

① 《列宁全集》第十四卷,人民出版社1988年版,第168页。
② 《列宁全集》第十四卷,人民出版社1988年版,第347页。
③ 《列宁全集》第十四卷,人民出版社1988年版,第399页。
④ 《列宁全集》第十四卷,人民出版社1988年版,第399页。
⑤ 《列宁全集》第十四卷,人民出版社1988年版,第399页。

不彻底的、含混不清的任务而牺牲无产阶级的根本任务"①。因此就能明白当社会民主党人提出要没收地主土地时,党内的机会主义者才不赞成这个纲领,主张把"没收"一词换成"转让"(然而他们又害怕公开提出这个草案);就能明白为何在制定土地纲领时,工人政党内的知识分子机会主义者"竭力采取另一条路线。机会主义在策略方面,注意的并非是资产阶级变革的广泛的革命纲领,而是市侩的空想。比如:如何在中央的非民主制的条件下保住地方的民主制;如何躲开大规模的'骚乱',为细小的改良弄到一小块地方公有经济的地盘;如何用反犹太主义者的老办法,即用那种把全国性的大问题化为地方性的小问题的办法,来回避由土地引起的异常尖锐的冲突"②,可这种采取"让步"的策略在列宁看来也不过是"欺骗和腐蚀群众的工具"③。从这里就可以看出,就算孟什维克(机会主义者)的本意只是攻击布尔什维克,可实际上它却攻击了整个无产阶级和无产阶级对革命的态度,即便他们是"真诚地继续为自己的党服务,但是采取了不正确的、不坚定的策略立场,其结果是使无产阶级在政治上从属于自由派"④。也就是说,孟什维克就算不想脱离党,但因策略立场的局限,不可避免地也会使他们左右摆。

列宁在《谈谈全民革命的问题》中也指出了机会主义的三个错误。他说:"它暴露了机会主义的三大错误:第一,把代表的情绪同

---

① 《列宁全集》第十五卷,人民出版社1988年版,第48页。
② 《列宁全集》第十六卷,人民出版社1988年版,第327页。
③ 《列宁全集》第十五卷,人民出版社1988年版,第75页。
④ 《列宁全集》第十五卷,人民出版社1988年版,第235页。

关于小资产阶级问题：从马克思到列宁 >>>

选举的结果对立起来，这就是以代表的情绪来暗中代替人民的情绪，这就是撇开更深刻、更广泛、更带根本性的东西，而看重更渺小、更狭隘、更带随意性的东西。第二，用估计这种或那种'情绪'的问题来代替无产阶级坚定不移的政治路线和策略的问题。第三（这也是最主要的），为了'全民革命'这个庸俗民主派的偶像而用同'小资产阶级群众''隔绝'的危险来吓唬无产阶级。"① 简而言之，列宁在选举中总结了机会主义的三个错误：（1）机会主义看"情绪"行事；（2）机会主义者忽略阶级利益转而将"情绪"作为制定策略的落脚点；（3）害怕无产阶级和小资产阶级"隔绝"。但是社会民主主义的无产阶级为了整个工人运动的利益，一定要坚定无产阶级立场，一定要将自己同小资产阶级习性隔绝开来。

在如何对待宗教的策略方面，只考虑到当前利益的机会主义者亦将社会民主党关于宗教的看法歪曲为宗教是私人的事情。列宁对此批判道："无产阶级政党要求国家把宗教宣布为私人的事情，但决不认为同人民的鸦片做斗争，同宗教迷信等做斗争的问题是'私人的事情'"②，对于"俄国机会主义者仿效德国人的这种歪曲，就应该受到恩格斯严厉一百倍的斥责"③。

总之，列宁认为孟什维克机会主义者在纲领、组织、策略方面都和布尔什维克大相径庭，严重影响了革命事业，对此做批判甚至是"隔绝"，是很有必要的。

---

① 《列宁全集》第十五卷，人民出版社1988年版，第296页。
② 《列宁全集》第十七卷，人民出版社1988年版，第396页。
③ 《列宁全集》第十七卷，人民出版社1988年版，第398页。

3. 对取消主义的批判

列宁早就说过，在俄国取消派和经济派、孟什维克不过是同一个小资产阶级的、知识分子的机会主义的不同形式，"所有这些形式的机会主义不仅有思想的联系，而且还有人员的联系，这是无可怀疑的事实。只要指出亚·马尔丁诺夫就够了，他最初是'经济派'的首领，后来成了孟什维克，现在则是取消派分子"[1]。

列宁在1909年7月11日的《取消取消主义》中明确指出，孟什维克和布尔什维克两派中"都出现了取消主义，都出现了反对取消主义的斗争"[2]。布尔什维克中的取消派"作为一个单独的集团来为自己的观点辩护，不止一次地得到摇摆于他们和正统布尔什维克之间的'最后通牒派'的支持"[3]。这种"召回派（还有最后通牒派，因为他们正在滚向召回派）是变相的孟什维克，是新型的取消派"[4]。在该文中列宁还阐述了什么是孟什维克的取消主义，为什么会产生取消主义。他明确指出，孟什维克的取消主义是在思想上"否认社会主义无产阶级的革命阶级斗争，特别是否认无产阶级在我国资产阶级民主革命中的领导"[5]；在组织上，"否认秘密社会民主党的必要性，因而要脱离俄国社会民主工党，退出党，在合法的报刊上，在合法的工人组织、工会、合作社和有工人代表参加的代表

---

[1] 《列宁全集》第二十五卷，人民出版社1988年版，第141页。
[2] 《列宁选集》第二卷，人民出版社1972年年版，第260页。
[3] 《列宁选集》第二卷，人民出版社1972年年版，第260页。
[4] 《列宁选集》第二卷，人民出版社1972年年版，第260页。
[5] 《列宁选集》第二卷，人民出版社1972年年版，第261页。

大会上反对党，等等"①。之所以会产生这样的取消派，是因为"在资产阶级革命时期，在发生危机、瓦解和崩溃的情况下，工人政党中的机会主义派不可避免地不是完全成为取消派，便是做取消派的俘虏"②。也就是说，工人政党中的机会主义者因为害怕，自然而然地会倾向于自由派，那些最胆大妄为的机会主义者会组成党内的取消派，从而使孟什维克成了取消派的俘虏。

在列宁看来，"这种同路人在布尔什维克中也有，彻底的召回派的整个论证方法，他们论证'新的'策略的尝试的整个性质就证明了这一点。在群众性的工人政党中，无论哪一个比较大的派别，实际上在资产阶级革命时期都不能避免或多或少要吸收一些各种色彩的'同路人'"③，只不过在"布尔什维克当中，主张召回主义和造神说的取消派分子一开始就是极少数，一开始就不能为害，随后也就被抛开了"④。尽管这样，列宁也花费了一定的时间去解决这种机会主义，因为它们反对党执行反映时局特点的当前任务，为造神派做辩护，因为"不坚决取消主义，我们党就不能前进"⑤，所以要对孟什维克的公开的取消主义和他们的机会主义的策略、变相的孟什维主义、召回主义和最后通牒主义做分析，那么为了完成"利用杜马讲坛并把工人阶级的各种各样的半合法组织和合法组织建成据

---

① 《列宁选集》第二卷，人民出版社1972年年版，第261页。
② 《列宁全集》第十九卷，人民出版社1989年版，第44页。
③ 《列宁选集》第二卷，人民出版社1972年年版，第263页。
④ 《列宁选集》第二卷，人民出版社1972年年版，第263页。
⑤ 《列宁选集》第二卷，人民出版社1972年年版，第265页。

点"①的任务,列宁提出布尔什维克要团结各派别,要将"派别建设成党,利用经过派别斗争所取得的阵地来建设党"②(之后提出要与此隔绝)。

之后在1912年,列宁又写了《论政治路线》,以此来批判俄国的机会主义。在这篇文章中,他又一次阐述了机会主义的特征和表现。他指出,"俄国的机会主义,也同其他国家的机会主义一样暧昧不明,类若游蛇,无法肯定而明确地说出自己的观点,无法正式地说工人阶级不应当不顾自由派的反对而建设新俄国,而应当做什么做什么。"③但是为了表明自己不满工人的政策,表明自己倾向资产阶级,机会主义不得不说出这样的观点——"新俄国谁也不能建设,它是在各种利益互相斗争过程中建设的"。这种观点一定会倡导大家"要接受正在建设的东西",可实际上它正是机会主义者用来模糊阶级斗争的武器,"接受正在建设的东西"的口号实际上就是号召工人阶级做自由派的尾巴。

正是因为机会主义的这种观点,使得自由派热衷于支持社会民主党内的机会主义,使得取消主义和自由派的"关系"密切。正如列宁在《自由派资产阶级和取消派》中指出的那样,"当我国这些自由派资产者无力阻挡社会民主党的产生和成长的时候,他们就煞费苦心地使社会民主党按自由派的面貌成长。因此,我国的立宪民主党人多年来一贯竭力支持社会民主党队伍中的机会主义(特别是

---

① 《列宁选集》第二卷,人民出版社1972年年版,第266页。
② 《列宁选集》第二卷,人民出版社1972年版,第266页。
③ 《列宁全集》第二十二卷,人民出版社1990年版,第113页。

取消主义）；自由派正确地把这种支持看作维持他们对无产阶级的影响并使工人阶级依赖自由派资产阶级的唯一手段"①。也就是说，自由派资产者将支持取消主义的手段看作影响工人阶级的唯一方法，试图以取消派来"控制"工人阶级。所以在列宁看来，取消主义的面目不会是马克思主义者的面目，而仅仅是自由派的面目。

在建党之后就不再是团结党内的各派别了，而是要建立自己的统一。在革命发展到1914年时，取消派试图以联邦制实现"统一"，联邦制即"权利平等的组织之间达成的协议"②。也就是说，在确定工人阶级的策略方面，取消主义者拉林建议把拥护'不折不扣的口号'的绝大多数工人的意志同或多或少地赞成上面那段话的取消派小集团的意志等量齐观"③（"那段话"的大意是"在目前时期，工人阶级应当不是'为了革命'，不是'为了期待革命'而组织起来"）。那么按照取消派分子拉林的狡计（联邦制），大多数工人在没有得到取消主义者的同意之前，是没有权利采取任何步骤的，取消派试图以这种联邦制取得"统一"，取得对工人阶级的领导权。关于取消派的妄想，列宁首先解释了（不同于建党前的）当前的"统一"，他说"统一，这是伟大的事业和伟大的口号！但是，工人事业所需要的是马克思主义者的统一，而不是马克思主义者同反对和歪曲马克思主义的人的统一"④，率先将取消主义者排除在"统一"的

---

① 《列宁全集》第二十五卷，人民出版社1988年版，第92页。
② 《列宁全集》第二十五卷，人民出版社1988年版，第79页。
③ 《列宁全集》第二十五卷，人民出版社1988年版，第79页。
④ 《列宁全集》第二十五卷，人民出版社1988年版，第81页。

行列之外。对于取消派,马克思主义者"决不同取消派调情,决不同破坏整体的小集团进行外交式的谈判,我们要竭尽全力把工人马克思主义者团结在马克思主义的口号和马克思主义者整体的周围。觉悟工人将把强迫他们接受取消派意志的任何做法看作犯罪行为,也将把分裂真正马克思主义者的力量的做法看作犯罪行为"①,不同取消派谈判、拉锯,将它们视作"敌人",反对和它们进行"统一"的一切行为,始终将工人团结在马克思主义周围。

机会主义虽然有不同的表现形式,但是其思想都是小资产阶级要求的反映,都是小资产阶级式的懦弱。马克思和恩格斯对此早已做过批判,列宁在马克思和恩格斯的基础上,对俄国的机会主义做了符合国情的判断,采取了不同的俄国策略,在建党时团结机会主义,将"派别"建成党;建党之后,又提出了"马克思主义者的统一",将机会主义者视为仇人,但对于小资产阶级的思想,列宁对此一直是批判、反对的。

4. 对党内"左派"幼稚性的分析与教育

在《论"左派"幼稚性和小资产阶级性》中,列宁首先对左派共产主义者(在《目前形势的提纲》)的"对外政策"做了有针对性的分析。左派共产主义者集团首先暗示缔结布列斯特合约不正确,要求进行国际革命,与所有帝国主义断交,建立革命的志愿军,同全世界的资产阶级进行无情的战争。列宁分析了力量的对比,指出签订合约的益处,并斥责了左派共产者"不善于估计力量的对比"

---

① 《列宁全集》第二十五卷,人民出版社1988年版,第81页。

的小资产阶级气味①，将"左派"这种看似轻狂的对外政策——坚决的、阶级的、国际的政策所暴露的胆怯——揭露，提出了"目前应当退却，应当避免战斗"的正确政策，而且还将"左派"的心理归结为"狂暴的小资产者"②的心理。也正是这种心理，使得他们不敢光明正大地宣布"现在退却是不必要的"，只是用一些"委婉"的词语来代替"目前避免斗争的问题"③。列宁认为对于党内这样的夸夸其谈者，"一定要给以惩罚，至少要加以讥讽和撤销其一切负责职务"④。"左派"的"护国主义"归根结底全是因为他们对于革命口号死记硬背，不会根据现实情况进行思索。

列宁也对"左派"共产主义者的"国内政策"进行了纠正。当"左派"在《目前形势的提纲》等文件中提出，要实行"最坚决的社会化"，要立即实现全部工业企业国有化、农业集体化，不仅反对利用资产阶级专家，也反对利用国家资本主义，完全否认过渡时期的必要性时，列宁斥责了他们的无知——对"目前形势"和过渡的实质一无所知，解释了当前形势的任务——统计和监督，解释了国家资本主义在俄国的进步性。而且在争论中分析了"左派共产主义者"在经济问题上的错误的根源：（1）不了解苏维埃共和国的、资本主义的过渡；（2）看不到我们的主要敌人是小资产阶级自发势力；（3）不了解不同于资本主义国家的苏维埃国家。为了同"左派"争

---

① 《列宁选集》第四卷，人民出版社1972年版，第532页。
② 《列宁选集》第四卷，人民出版社1972年版，第535页。
③ 《列宁选集》第四卷，人民出版社1972年版，第535页。
④ 《列宁选集》第四卷，人民出版社1972年版，第536页。

论，列宁对俄国社会经济结构做了细致的区分，对小资产阶级以及私人资本主义共同反对国家资本主义和社会主义的事实做了说明，（以德国为例）对国家资本主义的进步性做了具体的分析，从根本上指出了左派共产主义者在经济上（"国家资本主义似乎威胁我们"的论断）的错误之处。除此之外，列宁还对马克思提出"赎买"的条件和俄国的现实进行了对比，认为俄国在无产阶级专政后，资本家对工人的屈服有了基本前提，因此是能够进行"国家资本主义"的，能够对那些文明、愿意妥协的资本家实现赎买；可由于俄国民众的文化水平低且没有妥协的习惯，就还要对那些不妥协的资本家进行惩治。由此，列宁在争论中就论证了过渡时期的必要性和可能性。

而且对于过渡时期"左派"关于夸大"资本家的领导地位"的辩护，列宁也从三个方面进行了反驳：一是资本家的"领导地位"是受工人代表或委员会监督的，且能够通过苏维埃政权的机关对领导人进行撤换的；二是资本家的"领导地位"只是为了让他们在工作时间执行职务，而工作条件是受苏维埃规定的；三是资本家的"领导地位"并不意味着他们是资本家，他们只是被当作高薪聘请的专家或组织家。所以说，受苏维埃政权监督、控制的资本家只是无产阶级政党学习组织托拉斯大生产的对象而已。这种"实际学习建设大生产的工作"在列宁眼中是朝着正确道路行进的保证，是反对小资产阶级自发性的保证，是共产主义胜利的保证。[1] 总之，像布

---

[1] 《列宁选集》第四卷，人民出版社1972年版，第556页。

哈林这样的左派共产主义者不仅只会采取暗示性的攻击，只会夸夸其谈，而且他们在理解无产阶级专政的任务时，往往面向的是过去，并非未来，他们着重强调"打碎"、"炸毁"旧的国家机构，"扼杀"资产阶级等，可这些任务在1917年到1918年2月就已经完成。革命还未做到的、明天的任务却被布哈林这样的"左派"忽略了。

列宁对"左派共产主义"的分析与教育不仅促使"左派"承认错误、改过自新，也使得无产阶级在正确的道路上更加团结、自信。